历史的丰碑丛书

文学艺术家卷

意大利民族诗人之冠

但丁

李新宽 编著

吉林人民出版社

图书在版编目(CIP)数据

意大利民族诗人之冠——但丁 / 李新宽编著 . -- 长春 : 吉林人民出版社 , 2011.4 （2025.4 重印）
（历史的丰碑丛书）
ISBN 978-7-206-07652-7

Ⅰ . ①意… Ⅱ . ①李… Ⅲ . ①但丁，A.（1265 ~ 1321）—生平事迹—青年读物②但丁，A.（1265 ~ 1321）—生平事迹—少年读物 Ⅳ . ① K835.465.6-49

中国版本图书馆 CIP 数据核字（2011）第 037161 号

意大利民族诗人之冠 但丁
YIDALI MINZU SHIREN ZHI GUAN DANDING

编　　著:李新宽
责任编辑:葛　琳　　　　封面设计:孙浩瀚
制　　作:吉林人民出版社图文设计印务中心
吉林人民出版社出版 发行(长春市人民大街7548号　邮政编码:130022)
印　刷:北京一鑫印务有限责任公司
开　本:787mm×1092mm　1/16
印　张:8　　　　字　数:72千字
标准书号:ISBN 978-7-206-07652-7
版　次:2011年4月第1版　　印　次:2025年4月第3次印刷
定　价:35.00元

编者的话

“欲知大道，必先为史”。

回溯人类的足迹，人们首先看到的总是那些在其各自背景和时点上标志着社会高度和进步里程的伟大人物。他们是历史的丰碑，是后世之鉴。

黑格尔说：“无疑，一个时代的杰出个人是特性，一般说来，就反映了这个时代的总的精神。”普希金说：“跟随伟大人物的思想是一门引人入胜的科学。”

以史为鉴，面向未来。作为21世纪的继往开来者，我们觉得，在知史基础上具有宽广的知识结构、开阔的胸襟和敏锐的洞察力应是首要的素质要求，而在历史的大背景中追寻丰碑人物的思想、风范和足迹，应是知史的捷径。

考虑到现代人时间的宝贵，我们期盼以尽量精短的篇幅容纳尽量丰富的信息，展现尽量宏大的历史画卷和历史规律。为此，我们编撰了这套丛书。

编撰丛书的过程，也是纵览历代风云、伴随伟人心路、吸收历史营养的过程。沉心于书页，我们随处感受着各历史时期伟大人物所体现的推动历史进步的人类征服力量。我们随着伟人命运及事业的坎坷与辉煌而悲喜，为他们思想的深邃精湛、行为的大气脱俗而会意感慨、拍案叫绝。

然而，在思想开始远游和精神获得享受的同时，我们也随之感受到历史脚步的沉重和历史过程的曲折。社会每前进一步都是艰难的，都伴随着巨大的痛苦和付出。历史的伟大在于它最终走向进步，最终在血污中诞生了鲜活的“婴孩”。

历史有继承性和局限性，不能凭空创造。伟人也有血肉，他们的思想、行为因此注定了同样具有历史的局限性和阶级的、时代的烙印；他们的功业建立于千千万万广大人民群众伟大创造的基础上。历史是人民群众创造的，伟大的人物们是历史和时代造就的。同时，我们也无法否定此间他们个人的努力。这也正是我们编撰这套丛书的目的。

我们期盼着这套丛书得到社会的认同，对读者，特别是青少年读者之历史感、成就感和使命感的培养有所裨益。史海浩瀚，群星璀璨。我们以对广大青少年读者负责的精神，精心遴选，以助力青少年成长进步，集结出版了《历史的丰碑》系列丛书，敬请读者批评、指正。

恩格斯说但丁是“中世纪的最后一位诗人，同时又是新时代的最初一位诗人”。但丁不只是意大利最伟大的诗人、散文家，而且还是语言学家、政治思想家和政治实践者，他与莎士比亚、歌德被誉为西欧文学的三大天才巨匠，又与薄伽丘、彼特拉克并称为文艺复兴前三杰。

一部《神曲》不仅使但丁名扬古今，而且启发了后世数不清的思想家和文学家。

目　录

历史的丰碑丛书

崭露头角

才能最好于孤独中培养；品格最好在世界的汹涌波涛中形成。

——歌 德

历史上，存在着许多关于伟人的美丽传说。

但丁的传说是从出生时开始的：一位母亲梦见自己来到一片青翠欲滴的草地上，这里有棵高大挺拔的桂树，桂树下有一泓清泉。她站在桂树下生下了一个男孩子。男孩子落地以后便吃桂树叶，饮清泉水，转瞬之间，便成长为一个牧羊人。他站起来用双手去攀桂树时，由于用力太猛，摔了下来；他从地上爬起来时，不料却变成了一只美丽的孔雀。这位母亲从梦中惊醒后，生下了一个男孩，这便是但丁。

这个梦只是一个美丽的传说，却有力地预示着但丁一生事业的发展。但丁逝世半个世纪以后，意大利著名的文学家、《十日谈》的作者薄伽丘曾对这个梦做了详细的分析。他指出这个梦是但丁一生事业最好的象征。诞生于枝繁叶茂的桂树下，预示着但丁的未来

←但丁塑像

将是一代大诗人，众所周知，代表着诗人荣誉的冠冕是用桂树叶做成的；长大成了牧羊人，暗示但丁后来踏入政界，牧羊人含有群众的领导者和保护者之意；双手攀折桂树叶，象征着他呕心沥血地创作不朽的诗篇《神曲》；变成孔雀，象征着他死后留下的伟大诗篇绚丽多姿。

1265年但丁·阿里盖利出生于意大利佛罗伦萨一个古老的家族中。他在自己的作品中曾提到他自己是在双子星的光辉照耀下降临人世的，也就是在5月21日至6月21日间出生的。但丁是他名字的简称和昵称，他的全名是杜兰丁·阿里盖利。那个时代的人还很注重自己的家世，其家庭属于佛罗伦萨的古老贵族，他的祖先是佛罗伦萨的骑士。但丁在《神曲·地狱篇》中谈到他的高祖父卡恰基达随从神圣罗马帝国皇帝康拉德三世参加过第二次十字军东征，立下赫赫战功，被封为骑士。卡恰基达的妻子姓阿里盖利，以母姓命名孩子，从此阿里盖利便成为这个家族的姓氏了。到了但丁这一代，家道中落。但丁的父亲当过法庭文书，后来长期经商，兼放高利贷，这在当时还不算一个可耻的职业。他把全部心思都花费在店铺和放债上，对但丁的成长漠不关心，但丁后来在许多诗句中提到过自己的家庭生活，但对父亲却很少提到，他一直把自己的父亲当作陌生人看待。

对于但丁的母亲，人们知之甚少。只知道她在但丁6岁时就去世了。母亲死后，父亲续弦了，家里又添了几个孩子，家里人除了姐姐以外，谁都没有注意到但丁的非凡命运。

姐姐像母亲一样体贴入微地照顾他，这是他唯一感受到的家庭温暖。1274年春天，但丁9岁时，随父亲去贝德丽采家赴春宴，第一次见到了贝德丽采，她也刚好9岁，聪明漂亮，风采动人，但丁深深为之倾倒。回来以后，他就生了病，发起高烧来，发烧启迪了他的想象力，牵动了他的情怀，他不自觉地表露出了自己的内心世界，道出了自己对贝德丽采的感情。姐姐见此情景，更加怜爱他。她守在但丁身边，无微不至地照料他。但丁在恍恍惚惚的状态中喃喃呓语，几乎喊出了心上人的名字来。姐姐疲惫不堪，几乎被他累垮。从此但丁对姐姐怀有深厚的感情。

但丁小时候，师从于当时著名学者勃鲁内托·拉铁尼学习拉丁文、诗学和修辞学以及古典文学作品，10岁以前，就攻读完了古代罗马作家维吉尔、奥维德和贺拉斯等人的作品。但丁后来十分感谢拉铁尼对自己的谆谆教导，在《神曲》一书中，称拉铁尼为“伟大的老师”，说他具有“父亲般的形象”。但丁对罗马大诗人维吉尔十分推崇，在《神曲》中称他为“导师”“智慧的海洋”，还说“你是众诗人的火把，一切光荣归于你”。但丁把维吉尔视为理想的象征，看成是引导自己走出人生迷途的第一位导师。

但丁的家处在佛罗伦萨市中心，但丁拥有自己的一间小屋，这里是他自己的一块独立天地。这间陋室

←但丁故居

里弥漫着但丁的幻想和焦虑，他时而低头沉思，时而抬头远眺；时而垂头丧气，时而欢欣鼓舞，跃跃欲试，谁也不知道他脑子里究竟想的是什么。

但丁勤于学习，谈吐不凡。偶尔他吟出了一首诗，从此一泻不可收，美妙的诗句宛如被风吹得满天飞的花粉，在斗室的四堵空墙之间飞舞，络绎缤纷。后来，这些花粉都成了奇葩异草。但丁沉浸在自己创造的天地里，吟人间之事，颂古今之情。

中世纪教会在意大利占据着重要地位，教会使用的语言是拉丁语，日常礼拜和祈祷时也使用拉丁语，作家一般也用拉丁语写作；而在各国的宫廷和上层社会使用所谓的“宫廷语”。但佛罗伦萨老百姓的日常生活中，他们使用一种清新活泼的俗语，他们运用这种语言讲述佛罗伦萨的各种趣闻逸事，简洁明了，鲜明生动，便于表达佛罗伦萨人民的感情，抨击丧失人性的罪恶。经过长期的发展，这种语言凝结成语言的精华，直接而洗练，流行在大街小巷和下等酒馆里。

但丁自从接触到这种语言后，马上喜爱上了它，不久他便掌握了这种语言，能够用它来遣词造句，表达自己的思想。在这间斗室里，他时而伏案苦读，时而眉飞色舞，瞬时，斗室生辉。寒窗苦读为但丁以后创作打下了深厚的基础，斗室里的幻想为但丁打开了文学想象力殿堂的大门。

在佛罗伦萨有位名震佛城的青年诗人基独·加佛尔。加佛尔出生于名门望族，少有诗才，且长得英俊潇洒，他经常骑着高头大马穿行于佛罗伦萨城，去参加各种宴会，到处受到人们的热烈欢迎。当他在佛罗伦萨城纵马徐行时，他那高傲的气度和非凡的神态，给人以高深莫测之感。

但丁第一次见到加佛尔是在佛罗伦萨人民欢迎红衣主教的仪式上。红衣主教拉帝禄作为和平调解人来佛罗伦萨阻止一次流血事件。佛罗伦萨人民热烈欢迎红衣主教的到来，加佛尔也在其中，他就站在勃鲁内托·拉铁尼的身边，优雅地在来宾签名簿上写下了自己的名字。

但丁十分仰慕加佛尔，梦想自己也成为他那样的人。但丁家已经在走下坡路，但丁不敢轻易接近这位贵族诗人。但是，想和加佛尔这样的人结识，并得到他的承认的愿望是如此强烈，压倒了一切，他整天处在幻想中，最后终于下定了决心，写了一首诗歌，大意是他的祖父卡恰基达死后升入天堂，向自己的孙子但丁诉说了对美丽的佛罗伦萨的思念，并预言但丁会成为一代诗坛巨匠，但却要遭到流放远方，四海为家的命运。

但丁满怀激情地写好了这首诗，然后寄给了加佛尔。不久加佛尔便回信了，在信中，他态度诚恳，以平等的语气赞誉了但丁。但丁对这种豁达大度十分感激，后来但丁在自己的诗歌中歌颂了这件事，两个青年人的友谊从此开始了。这件事激发起了但丁的创作热情，使他获得了前所未有的勇气，对自己以前所感所想的东西更加深信不疑，思想更加自由自在地驰骋起来。

大约就在这时候，求知的渴望把但丁带到了波伦那大学，波伦那大学人才云集，大学里思想活跃。但丁贪婪地汲取着知识的养料，他在这里学习了法律、修辞和演说术，结识有识之士，探索人生的奥秘，尽情享受着这里的生活。

在波伦那大学但丁开始创作诗歌，他的诗清新秀丽，意境幽远，人们竞相传抄吟诵，但丁名闻于校园内外。但丁关注的绝不仅仅是自己的名誉，他在默默地探索着人生之路，深知前途坎坷不平，需要加倍努力。

老阿里盖利的生意并不兴隆，家里经济比较困难，但丁不得不中途辍学，不无遗憾地返回佛罗伦萨。回到佛罗伦萨以后，但丁开始以诗歌打入佛罗伦萨的社交界。在当时的佛罗伦萨，封建贵族和新兴市民同居于一个城市，在许多方面已能平起平坐。尽管贵族和骑士们的个人抱负与虚荣心很大，贵族在社交生活的中心占有一席地位但并不是非常高的地位。社交受着文学和政治的强烈影响，贵族和骑士们已习惯于和其他阶级在一个完全平等的基础上交往并在文化和学术上寻求天然的同盟者。因此但丁的诗歌能够作为敲门砖，打入社交界。但丁的抒情诗在社交圈子中被争相传诵，并流传到社会上，深为人们所喜爱，一时间但丁声名大振。

12世纪时，在法国南部普罗旺地区的行吟诗人中，出现了一种被称为“高雅的爱情”的抒情诗，这种诗体赞美妇女美丽的容貌和优雅的仪态，并称誉由此而唤起的爱情以及遭受的爱情的煎熬，这种诗在具体的艺术表现形式上，千姿百态，13世纪意大利诗歌深受这种抒情诗的影响，逐渐形成了独特的“清新体”诗派。但丁开始即属于这个诗派。他的情诗清新婉约，令豆蔻年华的姑娘们读了怦然心动。他的诗也深受上流社会附庸风雅的贵族、太太们的喜爱。

但丁早期的诗作都属于传统的爱情诗体。它描写的大多是单相思的痛苦，如他在《啊，维尔利塔》中写道：“你，维尔利塔，我看到了，你以一种非人类的方式，点燃了一束贯通我周身的火把；当你微笑时，由于一种狂暴的精神，你重新激起了我的希望，它几乎治愈了我心头的创痛。”“啊，维尔利塔，在爱情的幻影中，你突然出现在我的眼前，可怜我的那颗对你无限忠诚的心吧，它将在渴念中死去。”

匈牙利国王加尔·马德罗亲王来到佛罗伦萨，受到热烈欢迎。他十分欣赏但丁，并与但丁成为挚友，使但丁感到前程似锦，生活美妙动人，时时向他微笑着招手；他更加积极地投身生活，丰富自己的阅历，精练自己的语言。他向人们打听佛罗伦萨的各种趣闻逸事，向普通老百姓学习俗语。他发现俗语也能表达一切思想感情，而且比拉丁语更悦耳动听，简洁生动，容易为普通百姓所理解。这更坚定了他用俗语创作的决心。

在收集俗语的过程中，但丁听到过不少关于佛罗伦萨政治斗争的故事，明白了佛罗伦萨政治斗争的来龙去脉，使他在政治上逐渐成熟起来。同时他也在普通百姓讲述这些故事时富含褒贬的字句中，看到了什么是正义，什么是邪恶，确立了自己的政治理想。

这个时期的但丁是在博览群书中度过的，他在知识的海洋里遨游，这里既有古典世界，又有现代世界。他观赏到了赏心悦目的古典文学、哲学、伦理学、历史、美术、音乐、修辞学、天文、地理和政治学图景；他和古希腊罗马的哲学家们对话（特别是亚里士多德），与古罗马诗人对歌，与神学家托马斯·阿奎那共同沉浸在对上帝的深思中，流连忘返。

广博的知识，加上渐臻掌握得炉火纯青的俗语，成为但丁的两扇翅膀，使他翱翔于层峦叠嶂的诗歌高峰上。也正是这两扇翅膀，使但丁的诗歌能够越出亚平宁半岛，穿过地中海，跨过大西洋，翻过阿尔卑斯山，渡过黑海海峡传遍全世界。

相关链接

XIANGGUAN LIANJIE

《神曲》——森林

我走过我们人生的一半旅程，

却又步入一片幽暗的森林，

这是因为我迷失了正确的路径。

啊！这森林是多么荒野，多么险恶，多么举步维艰！

道出这景象又是多么困难！

现在想起也仍会毛骨悚然，

尽管这痛苦的煎熬不如丧命那么悲惨；

但是要谈到我在那里如何逢凶化吉而脱险，

我还要说一说我在那里对其他事物的亲眼所见。

我无法说明我是如何步入其中，

我当时是那样睡眼矇眬，

竟然抛弃正路，不知何去何从。

相关链接

XIANGGUAN LIANJIE

《神曲》——猎犬

许多动物都与他为婚，这情况将来会更甚，

但是猎犬终会来临，

会叫它痛苦万分，丧失性命。

这猎犬食用的不是土地和钱财，

它据以为生的是：智慧、美德和仁爱，

它的诞生地在菲尔特罗与菲尔特罗之间的那片地带。

它会拯救那不幸的意大利，

圣女卡米拉、欧吕阿鲁斯、图尔努斯和尼苏斯，

猎犬会把母狼从一座座城市中赶出，

直到把它赶回阴曹地府，

原先把这畜生放出地府的正是嫉妒。

相关链接

XIANGGUAN LIANJIE

《神曲》——冥界之行

因此，我为你安全着想，
我认为你最好跟随我，我来做你的向导，
我把你带出此地，前往永恒之邦。
你在那里将会听到绝望的惨叫，
将会看到远古的幽灵在受煎熬，
他们都在为要求第二次死而不断呼号；
你还会看到有些鬼魂甘愿在火中受苦，
因为他们希望有朝一日
前往与享受天国之福的灵魂为伍。
倘若你有心升上天去瞻望这些灵魂，
有一个魂灵则在这方面比我更能胜任，
届时我将离去，让你与她同行；
因为坐镇天府的那位皇帝
不愿让我进入他统治的福地，
这正是由于我生前曾违抗过他的法律。
他威震寰宇，统辖天国；
天国正是他的都城，有他那崇高的宝座：

啊！能被提升到天国的人真是幸福难得！
于是，我对他说："诗人啊！我请求你，
以你不曾见识过的上帝名义，
帮我逃出这是非和受苦之地，
把我带到你方才所说的那个地方去，
让我能目睹圣彼得之门，
看一看你所说的如此悲惨的幽魂。"
于是他起步动身，我则在他身后紧跟。

浪漫的爱情

真正的爱情，世人能理解的甚为稀少。它能把爱的对象神化，它用忠诚和热情维持自己的生命。

——雨　果

但丁曾说过："爱情，那将你的力量像阳光一样投射在人间的神灵，使你充满了光彩——你的光线触摸过的东西有多完美，你的影响就有多大。呵，就像它的光芒驱散了黑暗和寒冷一样，伟大的主啊，请你也将卑鄙从我的内心赶走。"

但丁满怀激情地写下了一本颂歌对贝德丽采爱情的诗歌集《新生》。《新生》共收集31首诗歌，每首诗歌之间用散文连缀，这是一部依事情先后串联起来的十四行诗和散文体诗的诗歌集。

自从少年时代见到贝德丽采以后，但丁即为之倾倒，但丁在作品中抒发了自己的爱慕之情，表达了自己无时不在的思念。那天宴会上，贝德丽采穿着合身得体的红衣，"她的带子和裹在她身上的别种装饰都和她那娇嫩的年纪配了个正好”，举止活泼，光彩照人。但丁感到“爱情便来做了我灵魂的主人”，“藏在心脏深处的‘生命之精灵’就开始颤抖起来了”。

9年后与贝德丽采的又一次相逢，再一次燃烧起但丁爱情的火焰。他们俩在街上偶然相遇，贝德丽采穿着洁白的衣裙，向但丁行了一个礼，使得但丁惊慌失措，倍感荣幸。这天回家以后，诗人做了一个梦。梦中面貌庄严的爱神，抱来一位裹着红色被单的人，她就是贝德丽采。爱神一手抓住但丁的心，另一只手推醒了睡熟的贝德丽采，把但丁的心奉献在她面前，转眼之间，爱神悲哀地带着贝德丽采升天。这个梦强烈地象征着但丁对贝德丽采的爱情，以及这场爱情注定是一场悲剧。

← 邂逅

后来，贝德丽采与一位出身名门望族的银行家结了婚。但丁悲恸欲绝，感到一切都失去了生气。但更大的打击随之而来，24岁的贝德丽采离开人间，但丁感到“连城市也变得凋零不堪”。但丁后来写诗盛赞贝德丽采，说她有“说不尽的温柔，说不尽的高雅”。并说“当她看着配得上注视她的人时，这人也获得了她的力量的全部结果；她赠予他的一切为他带来了美德和幸福，它们使他变得谦卑，从而忘却了所有的恶念。上帝已经给予她无比深厚的仁慈，任何一个与她谈话的人，都不会获得可怕的结局”。

《新生》收尾时作者发誓要成为一个大诗人，创作一部绝世之作。但丁后来创作的《神曲》实现了这一愿望。贝德丽采在这部伟大的作品中占有重要席位。在《神曲》中，贝德丽采派罗马大诗人维吉尔引导但丁游历了地狱和炼狱。在游历天堂时，贝德丽采亲自做但丁的向导，成为将人类引入幸福乐园的爱情象征。

贝德丽采在但丁的作品中已成为理想中的恋人。《新生》中的贝德丽采光彩照人，魅力无穷。她不仅美貌绝伦，而且成为幸福的源泉。她体现着一种全新的女性形象，这一形象既不同于各种艳诗中的偶像，也不同于理想化了的圣徒，而是兼有两者的精华。“当她款款走来时，街上的行人无不驻足立步，目不转睛地注视着这位最高贵的妇人。这些人看到了她的仁慈……但是，当她向人们走近时，一种谦卑便从他们的心中油然升起，使他们不敢抬起双眼。许多有过这样经历的人都可以为我作证，并且将这一切告诉那些心存怀疑的人。她戴着花冠，披着简朴的衣衫，丝毫不因她的所见所闻而骄傲。当她已然离去，许多人都称颂着‘这不是一个妇人，而是天国里最美丽的天使’。”贝德丽采已不是但丁现实生活中的恋人，而成为但丁作品中塑造出来的理想化的圣洁女性。她的头上有着耀眼的光环，美丽、善良、纯洁、仁慈、高雅……集人类之优点于一身，举手投足之间都显露出女性之温柔。她向人们最深层的情感倾吐着心曲，让人们感到了灵魂的震撼，她的纯洁形象上达天堂：

> 一位天使在神圣的理智驱使下高叫着，世界之主啊，这里出现了一个活生生的奇迹。它来自一个灵魂，那灵魂的辉煌即使在这里也令人目眩。天国的唯一缺陷就是没有她。它向自己的主乞求着她的到来。每一位圣徒都为这种福分而高叫着。

《新生》的主题不是但丁和贝德丽采的爱情故事。

《新生》以这样一句话开头：“我的很少有人谈过的记忆之书的这个部分，有一个醒目的标题：新的生活开始了。”可见，《新生》的主题在于但丁自己的转变，是但丁精神的历程和转变，是但丁观点和信念的转变，是但丁诗歌创作的转变。他逐渐摆脱了“清新派”的爱情诗，转向理想主义诗歌的创作。他说：“过去，我一直习惯于从我的思想中索寻那些温柔的爱情诗。现在，我必须将它们统统抛弃……我应该建立起自己的风格，并将它们表现在爱情作品中，我将用粗糙的和精巧的韵文，去描述那些使人真正得以崇高的品质。”

在塑造贝德丽采的形象时，宗教和哲学对但丁的影响是十分明显的。13—14世纪时，意大利宗教活动狂热，方济各会和多米尼克会积极在各地传教，吸收虔诚的信徒进入修会，成为修士或修女。它们在佛罗伦萨修建了许多规模宏大，金碧辉煌的教堂以及修院，这使得佛罗伦萨的人们在履行神秘的宗教仪规时，获得了超理性的宗教体验和感情。当时圣女随处可见，但丁肯定深深地受到这些宗教因素的影响。他塑造的贝德丽采集美貌与美德与一身，她将“高雅的爱情”诗中的对象的美艳和圣徒的威仪融为一体，是典型的圣女的化身。

《新生》抒发了但丁的真实的内心世界，语言清新洒脱，尤其是赞美他的恋人贝德丽采的诗句，从心坎里打动了佛罗伦萨的年轻姑娘及其仰慕者。

但丁因《新生》而一举成名，他的诗句风靡于佛罗伦萨的大街小巷。成名以后的一段时间里，但丁整天沉溺于吃喝玩乐之中，与贵族子弟混在一起，结交了许多朋友。其中有位酒肉朋友是福来斯。福来斯出身于佛罗伦萨一名门望族，善于附庸风雅，爱做十四行诗。他们之间关系曾十分融洽，后来不知因为什么事失和，给后人留下了不少互相攻讦的十四行诗，双方语言都尖酸刻薄，火药味十足。可以看出这段时间里但丁把自己降低到了和浅薄的贵族一样的水平上。

从但丁和福来斯应对的诗文中，我们看到一位与描写自己爱情时完全不同的但丁，这是但丁性格中的另一面，但丁在给福来斯的一首十四行诗中写道：

你听着，福来斯，
我不知道你是谁的儿子，
也许应该向你母亲去打听，
大概只有她才可以讲得清。
对你有一点我倒深有了解：
你是一个大饭囊。
你贪食无厌，肚皮都快要撑裂；

你吃喝无度，腰包已花得精光。
无奈你只好去偷人。
但你的名声早已臭不可闻，
街市上人们对你议论纷纷。
每当你在那里露面的时候，
大家都会本能地留神钱袋：
“当心！福来斯，扒手！”

你父亲也听到了传闻，
可怜啊，可怜的西门，
他整天为你忧心忡忡，
就连夜里也欲睡不成。
他躺在床上翻来覆去，
心里总是担惊受怕：
一旦你行窃时叫人捉住，
准会被打死在乱棍底下。
还有你那科索和西尼巴尔兄弟，
他俩和你是一丘之貉，
手脚都不干净；
他们拿着偷来的金钱，
恣情纵欲，骄奢淫逸，
甚至把老婆互相交换。

但丁一针见血，指出福来斯的父亲戴着绿帽子，母亲连其儿子为何人之子都不很清楚，福来斯兄弟姑嫂不分。

福来斯毫不客气，以彼之道还彼之身：

就算我母亲是个浪荡妇，
谁是我父亲连我都一无所知。
然而对你大家倒是一清二楚，
你是那个懦夫阿里盖利的儿子。
你父亲受尽别人的侮辱，
可他总是忍气吞声。
不过事情并未到此结束，
老百姓对你还有风言冷语：
你作为他的儿子，
不敢为父报仇雪耻，
反而跪倒在那些人脚下，
向他们恳求宽恕，
向他们乞求和解，
殊不知正是他们把你的身份玷污。

或许你假设说，

我母亲确实不正经。
但是我敢断言说，
你母亲生了个窝囊废：
面对欺凌你父亲的人，
却卑躬屈节去求情。
其实我是谁的儿子你心里明，
你倒是没把自己的面目认清。
你像一只绵羊似的，
处处露出怯弱的本性，
这一点早已是遐迩闻名；
甚至那些最卑贱的平民，
也会把你看作宫廷小丑，
一见你就要拿你寻开心。

后来但丁主动收兵，与福来斯重新和好。

这只不过是但丁一生中的一个小插曲而已。但丁继续创作歌颂女性的诗歌，不过歌颂的对象不再是贝德丽采。在佛罗伦萨的贵族子弟中仍流行抒情诗，歌颂女性之美，他们几乎熟悉佛罗伦萨城的每一位漂亮的女子，都能说出她们美在哪里。他们陶醉在温柔乡中，春风微拂窗扉虚掩，月照中天，抒发爱情的小夜曲轻声荡漾，隐隐传来，小径隐没在紫罗兰般的夜色中。

但丁写了一首名为《六十》的诗歌，诗中描写了60个美丽的女子。为此但丁几乎走遍了佛罗伦萨城的大街小巷。但丁按照自己的审美标准，依次排名描述了60位姑娘的动人之处。

但丁的这首诗，在风流的贵族子弟们中间激起了热烈的讨论，他们纷纷发表自己的意见。有人认为但丁的排名顺序不合适，有人认为但丁没有抓住某位姑娘的动人之处。很快，这首诗传遍了佛罗伦萨全城，姑娘们争着传阅，在诗中寻找自己的名字，看到诗中对自己的赞美，喜悦之情溢于言表，诗中没有提到的姑娘则弃诗而去。

居然但丁在这首诗中把贝德丽采排在第九位，但贝德丽采在他心目中，永远是尊女神，是那么的美丽脱俗，贞静贤淑，气质非凡，但丁在她身上看到的是天堂之光辉，真理之荣耀。

贝德丽采死后，但丁身心交瘁。1291年但丁与盖玛结婚。盖玛是黑党多那底家族的远方亲戚，从小就许配给了但丁，她是一个普通的妇女，是一个贤妻良母。她虽然没有给但丁带来爱情，却给但丁带来了家庭的温馨，并为但丁哺养二子一女，使但丁老年时享受到了天伦之乐。

相关链接

XIANGGUAN LIANJIE

《神曲》——但丁恢复坦然的心情

正如低垂、闭拢的小花，在阳光照耀下，
摆脱了夜间的寒霜，
挺直了茎秆，竞相怒放，
我也就是这样重新振作精神，
鼓起我胸中的坚强勇气，
开始成为一个心胸坦荡的人：
“啊！那位大慈大悲、救我活命的女神！
还有你，如此温文尔雅的灵魂！
对她向你说的那些真情实话，你是那样立即听从！
你的一番叮咛，慰藉了我的心灵，
使我甘心情愿与你同行，
我回心转意，恢复我原来的决定。
现在，走吧！我们二人是同一条心：
你是恩师，你是救主，你是引路人。”
我对他这样说；他随即起步转身，
我于是走上这条坎坷、蛮荒的路径。

相关链接

XIANGGUAN LIANJIE

《神曲》——地震与但丁的昏厥

话刚说完，黑暗的荒郊突然地动山摇，
这把我吓得魂不附体，
至今一想起，我仍然大汗淋漓。
泪水浸透的大地刮起狂风，
血红色的电光闪过夜空，
霎时间，我丧失了一切知觉；
我猝然倒下，犹如一个人昏然入梦。

相关链接

XIANGGUAN LIANJIE

《神曲》——普鲁托

“帕佩　撒旦，帕佩　撒旦　阿莱佩！”

普鲁托用他那嘶哑刺耳的声音开言道；

那位高贵的哲人——他无事不晓——

为了给我壮胆，说道：

“但愿你的恐惧不要把你压倒；

不论他威力多大，也无法阻挡我们下到这断岩残崖。”

接着，他转身面向那怒气冲冲的嘴脸，

说道：“住口，你这该死的恶狼；

把你的怒火咽进你的胸膛。

来到这地狱深层不是没有原因：

是上天愿意这样决定，

因为米迦勒要惩办这嚣张的叛逆罪行。”

正如那鼓胀的船帆被风卷起，

随桅杆断裂而倒落下去，

这残暴的猛兽也正是这样扑倒在地。

相关链接

XIANGGUAN LIANJIE

《神曲》——狄斯城

我们离开了这里，详情我不想多叙；

但这时一片惨叫声震动了我的耳鼓，

于是我注目向前望去。

慈祥的老师说："现在，孩子，那座城池正在临近，它名叫狄斯，那里有受重刑折磨的人，还有一列大军。"

我说："老师，我已经从这山谷中看出，

那城池的塔楼一座座十分清楚，

他们是那样红如赤铁，仿佛才从烈火中烘出。"

他对我说："那永生的烈火把他们烧灼，

烧得他们遍体通红，

正如你在地狱低处所看到的情景。"

我们径直来到那深深的沟渠，

那沟渠把这凄惨的城池团团围拢：

我觉得那城墙仿佛是用铁铸成。

我们事先不得不绕行一大段河沟，

最后才来到一个地方，

那船夫厉声喝道："下船去！这就是入口！"

相关链接

XIANGGUAN LIANJIE

《神曲》——但丁的惶惑

说吧，他便重又倒下，我转动脚步，
走向那古代诗人，一边则在回想
刚才的谈话，我觉得那内容似很不详。
他开始动身；随即一边走着，
一边对我说：“你为何如此惶惑?”
我对他的问话做了答复。
这位智者对我说：“你的脑海依然记住
你所听到的不利于你的话语”，
“现在，你要注意听着”，他随即竖起一个手指：
“等你将来面对那位圣女的温柔的目光，
你就将得到你一生经历的旅程，
因为那圣女的秀目能把一切看清。”
说罢此话，他便把脚左右移动：
我们离开城墙，走向这层地狱的中心，
沿着一条通往山谷的小径，
那山谷的浊气一直冲到上边，奇臭难闻。

参与政治

成大业者，眼光应当看到将来，力量需要用于现在。

——西德尼

位于亚平宁半岛的意大利在政治上四分五裂，教皇、神圣罗马帝国、法国都在这块大地上投下了身影，他们是这个大舞台上的角斗士，在这里明争暗斗。因此，意大利政治局势错综复杂，扑朔迷离。

意大利位于地中海中部，地处东西方交通要冲。发达的海上贸易，使意大利成为商品的集散地，从而带动了其他行业的发展。“在14和15世纪，在地中海沿岸的某些城市已经稀疏地出现了资本主义生产的最初萌芽”。在但丁的时代，佛罗伦萨成为欧洲最大和最繁荣的工商业和文化中心。佛罗伦萨的毛织品畅销欧洲各国，丝织业也相当有名，生产镶有金丝的锦缎，其声誉仅次于中国丝绸，远销西欧和中东。佛罗伦萨城内有20家大商店和批发庄，每年购入加工的呢绒仅佛罗伦萨一地就销售1万余匹，价值30万佛罗林。佛罗伦萨的国际商业网遍布地中海和西欧，佛罗伦萨商人的足迹甚至远及中国。佛罗伦萨的银行业更为有名，早在13世纪末叶，佛罗伦萨的钱庄、银行已遍及西欧各大城市，在西欧货币市场上取得了支配地位。佛罗伦萨每年可铸造35万佛罗林，佛罗林成为当时西欧和近东地区通用的国际货币。至14世纪时，佛罗伦萨约有银行100家以上，其中以巴尔第和皮鲁西两大家族最为有名，1338年贷款130余万佛罗林给英国国王爱德华三世。15世纪时美第奇家族是最有势力的银行家，从事更为广泛的高利贷活动，借贷利息一般在25%左右，对许多西欧君主、公侯和大主教放债，还与罗马教皇发生金融交易，包揽罗马教廷税收，代其收缴各地税款。

佛罗伦萨贵族讲究排场，生活豪华奢侈，挥金如土，挥霍殆尽时就向银行家借贷，当他们到期无力偿还债务时，就得利滚利，加倍偿还。最终他们不得不把万顷良田用来还债，征收税款的权力也转交到了银

→佛罗伦萨

行家手里。新兴的市民阶级也开始用他们手中的金钱牟取骑士和贵族的头衔，中世纪的封建骑士制度开始衰败，以致当时的弗朗哥、萨克蒂愤怒地写道：“几年前，每个人都看到：所有劳动人民直到面包师傅，所有梳羊毛工人、高利贷者、铜钱兑换商和各种各样的恶棍怎样变成了骑士。当一个官员去管理一个地方的小市镇时，他为什么需要一种骑士身份呢？这个头衔和任何混饭吃的职业有什么关系呢？不幸的尊严你何其衰颓啊！那长长的一系列的骑士职责，我们这些骑士们尽到了哪一项呢？我之所以要说这些事情为的是使读者看到：骑士身份已经死了。如果甚至于把荣誉赠给死人，那为什么不赠给木石，不赠给一条牛呢？”由商人、银行家、作坊主和手工匠等阶层组成的中产阶级开始在佛罗伦萨的政治舞台上崛起。早在1115年佛罗伦萨便取得了城市自治权，建立了城市共和国，13世纪时，又逐步制服了周围郊区农村的封建领主，毁其城堡，迫令他们迁居城市，受城市政权节制，并于1289年下令废除农奴制。

新兴的市民阶级为了夺取和巩固城市领导权，同封建贵族势力进行了长期而又激烈的斗争，主要表现在从1215年起出现的圭尔夫党和吉伯林党的斗争上，13世纪中期，以圭尔夫家族为首的圭尔夫党和以吉伯林家族为首的吉伯林党在佛罗伦萨的政治舞台上展开了激烈的角逐。圭尔夫党是新兴市民阶级和小贵族的党，主张依靠教皇势力统一意大利；吉伯林党代表着封建贵族势力，主张依靠日耳曼神圣罗马帝国的皇帝来统一意大利。

贵族们拥有城堡、土地和武装，在他们眼中，市民阶级执政不过是一件可笑的事情。贵族们深信佛罗伦萨是他们的天下，是他们的世袭领地。但他们没有料到他们所鄙视的市民阶级已跨进市政厅的大门，掌握了政权。

1293年佛罗伦萨市民在民主派领袖基诺·贝拉的领导下，直接掌握了佛罗伦萨的政权。基诺·贝拉虽然出身于贵族之家，但他热爱自由就像热爱自己的双眼一样，他胸中燃烧的是正义之火，眼中放出的是人类希望之光，他深深地理解佛罗伦萨市民的要求，并带领他们付诸行动。

基诺·贝拉颁布了世界上最早的宪法——《正义法规》：

任何家庭，包括其旁系亲族，只要其中有一名骑士或一名封建官吏，即使经营工商业，都将视为贵族之家，因而应将其从任何公共事务中摒除。

基诺·贝拉以自己的远见卓识，在阴霾密布的封建社会上空划出一道闪电，带来了人类文明的曙光，打破了中世纪的沉寂。

按照《正义法规》，佛罗伦萨政府将贵族之家编册登记，交纳押金，使之接受政府监管。并规定城市最高行政管理机关是长老会议，共有7名议员，由七大行会选举产生，这七大行会是羊毛商、丝织商、毛皮商、呢绒场主、银行业、律师和医药等，七大行会被称为“肥人”，每个行会选举派一名代表。后来长老会议增加两名代表，由其他手工业者如铁匠、泥瓦匠、鞋匠等14个小行会选举产生，称为“瘦人”。各行会代表，先由行会推荐，经专设的资格审查委员会复审后，再选举产生。每届长老会议任期为两个月。7名长老中，6名任执政官，他们的权力均等，一名任正义旗手。正义旗手是共和国最高领袖，由他直接统率市民武装1000人，专门用来镇压雇佣工人和对付叛乱的贵族。长老会议每届任期两个月，目的在于发扬行会民主，使行会人员能够较普遍地参加行政管理，以防止个人专政，但是任期太短也给共和国带来了不良影响，即频繁的改选使政局变化不定，带来了不稳定因素。

长老会议下设“贤人”（12名）、“旗手”（16名）等官职，辅佐政务和军务。这些均由行政推荐，然后经审查，抽签产生，其任期每届分别为3个月和4个月。共和国掌管司法和警务的人员，统称“督政官”，他们和法庭法官以及政府文书等“技术性官员”，均由长老会议直接委任，这些官员大多从知名人士和外国人中聘请，任期为一年，可以连任，但无决策之权。佛罗伦萨这套共和政治制度，从13世纪末到16世纪初，持续达200多年之久。

但丁在成年以后，随着政治思想日臻成熟，开始参与政治。他坚决支持共和派，站在圭尔夫党一边。他在24岁时，卷入了佛罗伦萨政治斗争的漩涡之中，曾先后参加了同阿雷佐城的吉伯林党作战的康帕迪诺战役和攻打吉伯林盘踞的比萨城战役。作为一名战士，他表现出无所畏惧的战斗精神，冲杀在第一线，直至英勇负伤。

圭尔夫党执政后又分裂为黑、白两个派别，黑党代表的是贵族利益，主张依靠教皇势力；白党代表的是银行家和商人利益，主张城市自治，但丁迈入市政厅的时候，白党成员正独揽大权，黑白两党斗争激烈。但丁站在白党一边。

但丁在基诺·贝拉颁布《正义法规》的前后跨入

政治的圈子。这时，他既没有骑士头衔，他的家庭也不是豪门巨富，远没有资格介入公共事务。但医药商行会吸收所有文人参加。1292年，但丁以哲学家的身份加入医药商行会。这是他家所在的地区的人民一致选举的结果，并不是因为他的诗歌脍炙人口，不是因为他风流潇洒，风度翩翩，不是因为他是音乐家，也不是因为他能慷慨激烈地维护正义，而是因为他能熟练地运用俗语，能够用俗语表达平民百姓的思想感情。但丁经过长期的学习，已经掌握了这种语言的精华，从他口中吐出的每句话，字字如珠玑，他使俗语完善起来，成为民族语言的基础。同时，他们希望但丁能够站在他们的立场上，抨击社会阴暗面，因此人们选举他进入市政厅，先在市政厅里当参事，接着提升为咨询顾问。后来又成为百人团会议成员。1300年6月，他被选为佛罗伦萨六大执政官之一。

但丁知识渊博，学问精深，上至天文，下至地理，旁涉音乐绘画，无所不通，无所不能。他从小口角犀利，辩才雄宏，演讲起来滔滔不绝，令人心折，因而在白党中深孚众望。

但丁在政治上是一个理想主义者，他为维护正义而振臂高呼，提出结束党派斗争，实现黑白两党团结。他认为市政厅应当处罚那些危害市民正常生活秩序的暴行，严惩肇事者，不论他属于什么党派，什么宗族，即使是白党成员。

这时，发生了教皇干涉佛罗伦萨的阴谋。教皇卜尼法斯八世为了一己私利，即想扩展自己的领地，向柯洛尼家族发动了攻击，卜尼法斯八世竟要佛罗伦萨提供援助。

佛罗伦萨人民对教皇的这一行为相当愤慨，但丁更是义愤填膺，他一直认为教会应该是最为圣洁的地方，是不能容忍亵渎的。他充分发挥他的演讲才能，发动人民起来反对教皇的这一行为，团结了最大多数的人。佛罗伦萨市政当局对教皇的要求给予了否定的答复。

教皇恼羞成怒，居住在罗马的佛罗伦萨银行家害怕损害自己的利益，便与卜尼法斯八世勾结起来共同反对市政厅，鼓动教皇支持能够满足其愿望的黑党。佛罗伦萨对这些银行家进行了审判。

教皇知道以后，公开反对对这些银行家的审判，要求服从他的意旨，又一次遭到佛罗伦萨人民的拒绝。

在与教皇的斗争过程中，但丁充分施展了自己的才华，他到处在民众集会上发表激动人心的演说，他的语言是那么优美，令听众如醉如痴，他走到哪里，哪里就会有人群围上来。但丁在这段时间里事业到达巅峰，却也为以后遭受流放，四处漂泊埋下了种子。

这一时期，佛罗伦萨内部政治斗争也相当激烈。1300年6月23日圣约翰节的前一天，佛罗伦萨城发生了一件意义非同寻常的事件。当执政官们走出市政厅大厦，准备举行隆重的仪式，向佛罗伦萨的保护神圣约翰致祭的时候，以科索·多那底为首的黑党贵族豪绅冲上前来侮辱、打骂执政官们。白党的人见此情景，忍无可忍，也冲了上去，双方发生了激烈的冲突。

这次侵犯执政官的事件，是前所未有的事件，在佛罗伦萨市民中引起极大反响，市民们认为他们竟敢在敬奉佛罗伦萨城的保护神圣约翰的时候肇事，是可忍孰不可忍，必须给他们以严厉的处罚。

在群情激愤的情况下，市政厅召集佛罗伦萨城的头面人物开会，讨论处罚办法，会议最后决定：凡属肇事者或参与者，不论其是黑党或白党，一概严加惩办，予以放逐，以绝祸根。

在放逐者的中间，有但丁的好友基独·加佛尔。加佛尔面对侵犯执政官的恶劣行径，冲了上去，与黑党分子痛痛快快地干了一仗。加佛尔曾给予少年时代的但丁巨大的鼓舞，因为他以平等的身份对待初出茅庐的但丁。他俩的友谊一直十分浓厚。他们经常在一起探讨诗歌，切磋字句。两人十分投机，都能发现对方的优点，都很尊重对方。但是面对会议做出的判决，但丁作为执政官之一，不得不在判决书上签了字。

这件事使但丁终生难忘，一直耿耿于怀，每当想起这件事，就感到痛心不已。因为加佛尔在流放地染病身亡，但丁失去了一位最为知心的朋友。但丁希望能用自己最辉煌的诗歌来补偿他的友情。

在流放者中间，也有带头肇事的科索·多那底。科索是福来斯的兄弟，一个众所周知的恶棍。

在与吉伯林党作战的康帕迪诺战役中，科索·多那底带兵埋伏，善于决断，作战勇敢，伏击成功，一举扭转战局，夺得战役的胜利，从而成为一个英雄人物。但他无恶不作，他与基诺·贝拉为敌，迫使基诺·贝拉流亡国外，毒死了自己的妻子，随后又霸占了一名少女，夺取了她家的全部财产，他还把他的妹妹从修道院中抢了出来，自作主张地许配给他的一个朋友。

科索·多那底到达流放地以后，得知黑、白两党之间，白党内部斗争加剧，认为时机已到。于是离开流放地，到达罗马，向教皇进言："白党旨在建立一个自由的佛罗伦萨。而我们黑党，却想把这座城市献给您，因为它是属于您的。目前时机甚为有利。您让法国军队开进佛罗伦萨吧。到时把白党分子放逐，将他们的财产没收。您将会统治整个多斯哥地区。"教皇听了这段话，脸上露出了笑容。两人一拍即合。

相关链接

XIANGGUAN LIANJIE

《神曲》——教皇阿纳斯塔修斯墓前

我们来到一片高高的断崖上边，

这断崖是由巨大的残石围成一圈，

一批受着更加残酷的刑罚的鬼魂就在我们下面；

这里，那深邃的坑谷散发的恶臭

气味可怕，令人难挨，

我们不得不退后几步，躲进一个硕大石墓的棺盖，

我看到墓上有一块碑文，

写道："我看管的是教皇阿纳斯塔修斯，

浮提努斯曾引诱他离开正路。"

"我们可以停顿一下，再下去，

这样，就可以先使嗅觉能稍微

适应那难闻的气味，然后对它就不必在乎。"

老师这样说，而我则对言道：

"可否想些办法，让时间不致荒废掉。"

他于是说："我已经想到这一点，你可以看到。"

相关链接

XIANGGUAN LIANJIE

《神曲》——高利贷者的下场

“啊！拨开挡住一切视线的云的太阳！

你为我解决疑难，令我多么欢畅，

尽管疑问令我感到的愉快并不下于知晓。

请再把你说过的话题略微追述一遍”，我说道，

“请再讲一讲高利贷者如何触犯神的恩典，

为我解开这个疑团。”

他对我说：“哲学不仅在一处

向理解它的人指出：

自然如何起源于神的思维和艺术，

倘若你把你的物理学

好好地钻研一番，

你就会在不多几页之后发现，

你们的艺术是尽可能追随自然，

犹如学生追随师尊；

因此，你们的艺术几乎就像是上帝之孙。

你倘还记得《创世纪》的开头部分，

人类就应当以这两点

来维持生计和改善生存；

而由于高利贷者走的是另一条路，

他既轻看自然本身，又蔑视随自然而来的艺术，

因而他把希望寄托在其他方面。

不过，现在随我来吧，我想继续向前，

因为双鱼宫已在水平线上闪烁升起，

北斗星则完全斜卧在西北方向，

从那断崖高处再前行几步，便可走向下方。”

相关链接

XIANGGUAN LIANJIE

《神曲》——奇隆

我们走近这些飞速灵巧的怪物身边，

奇隆拿出一只雕翎箭，

用箭尾把胡须向后左右分开，拨到两腮上面。

当那大嘴巴显露出来时，

他对同伴说："你们可曾发觉：

那后面的人能触动所有他碰上的东西？

死人的双脚通常则不能这样。"

我那善良的老师这时已站在他的胸前，

而那胸部正是人马两性连接的地方，

老师应声道："他确是个大活人，而且只有他孤零一个，

我需要向他指点那黑暗的坑谷深壑，

他来到此地是出于必要，而不是为了娱乐。

一位圣女暂停歌唱'赞美上帝'，

她赋予我这个新的使命：

他不是强盗，我也不是盗贼的魂灵。

但是，既然我是依照神的意旨移动我的脚步，

走上这如此荒凉难行的道路，

也请你遵奉神的意旨，派出你们当中一人来伴我们同行，

让他告诉我们何处可以涉水渡河，

让他把此人驮在背上，飞渡沟壑，

因为此人不是凌空翱翔的魂魄。”

奇隆向右转过身去，

对涅索斯说：“你转身回去，带领他们前往，

倘若遇上别的队伍，你就让他们闪开，不要阻挡。”

惨遭流放

并非每一灾难都是祸，早临的逆境常是福。经克服的困难不但教训了我们，并且对我们未来的奋斗有所激励。

——波 普

黑党首领科索·多那底与卜尼法斯八世勾结起来，阴谋夺取佛罗伦萨政权。科索·多那底极力怂恿教皇赶快动手。

14世纪，基督教作为人民的普遍信仰。人们相信上帝，相信炼狱，相信教皇，因而教会的势力十分强大，经常干预各国的政治。而意大利四分五裂，政局动荡，更给予教皇一个可乘之机。同时卜尼法斯八世的权势正炙手可热。许多贵族和皇帝都向他献媚，他也把自己看作是人间的上帝，为所欲为，飞扬跋扈。

可是佛罗伦萨的人民却不买他的账，不把他当回事。他们谈论“正义法规”，市政自由，并拒绝他的要求，不但不给他以援助，而且不顾他的反对，审判居住在罗马的佛罗伦萨银行家，这深深地刺痛了卜尼法斯八世，他必须树立自己的权威，重重地惩罚佛罗伦萨人民。

于是，他与科索·多那底臭味相投。卜尼法斯八世继续向佛罗伦萨市政厅施加压力，威逼利诱，想尽一切办法让其屈服，为他效力。尤其是但丁，每天在民众大会上发表演讲，鼓励人们坚持自己的理想，宣传正义和自由。教皇遂决定采取行动。他暗中盛情邀请驻扎在意大利的法国军队，要他们开进佛罗伦萨城，平息所谓的党派之争，从而摧毁白党政权，使黑党上台。

乌云笼罩在佛罗伦萨城头，利剑将要出鞘，倒下的将是正义和自由。佛罗伦萨市政厅为了挽回局面缓和与教皇的矛盾，阻止外国军队进入佛罗伦萨，确保共和国的安全和独立，在1301年派遣3名使者前往罗

马去觐见教皇，这3名使者分别是但丁·阿里盖利、马索·米奈贝蒂和基独·乌巴迪。

卜尼法斯八世高高兴兴地接见了他们，他的确是高兴的，因为事实证明他的权威不容置疑的，佛罗伦萨市政厅不得不派人来和他协商。但他已不满足这些，复仇的欲望在他脑海中占了上风。他满口诺言，保证不会发生意外的事情，同时盛情挽留但丁，要他在罗马进一步磋商细节问题，并要其他两位使者回去等待消息。3位使者被诡计多端的卜尼法斯欺骗了，真的按照他所说的去做了。

暗地里，卜尼法斯八世命名法国军队拿下佛罗伦萨，帮助黑党夺取政权。他之所以让但丁留在罗马，就是因为他久闻但丁的演讲富有煽动性，能够打动群众。他害怕但丁号召群众拿起武器反对外族入侵，保卫共和国，而打乱他的部署。

法国军队开进了佛罗伦萨。科索·多那底一马当先，开始屠杀白党成员。但丁孑然一人留在罗马，心急如焚，他对佛罗伦萨的情况一无所知，他已明白教皇不怀好意。这时候，他感受到的是痛苦还是孤独，我们不得而知，不过，他的心里肯定不会好受。很快，传来了法国军队入侵佛罗伦萨的消息。但丁知道，屠杀已经开始了，他仿佛看到在刀光剑影下，白党成员头颅坠地的情景。

←但丁画像

1301年末，卜尼法斯八世勾结佛罗伦萨黑党政权，以贪污公款、扰乱共和国和平、反对教皇的罪名，判处但丁：开除公职，处以5000小佛罗林巨额罚款，驱逐出佛罗伦萨两年，以后永远不许担任公职。对但丁的这一判决无疑是一种政治迫害，因为没有任何证据表明，他确实贪污过公款。这一判决决定了佛罗伦萨这位伟大的诗人以后的命运，他只能流落他乡，四处漂泊。连他自己都没有想到，他竟和自己的家乡永别了。但丁的家属没有受到迫害，因为但丁的妻子盖玛是黑党多那底家族的一个远房亲戚，得以幸免于难，这也是不幸中之万幸。1302年3月10日，但丁在罗马又听到了黑党对自己第二次判决的消息，他们恨犹未消，缺席判处但丁火刑，一旦捉拿归案，就要把他烧死。佛罗伦萨法庭宣读公告者当众宣布了这一判决。

但丁在流亡初期，与其他白党成员一样，时刻都打算策划组织力量，夺回佛罗伦萨的政权。白党成员不断从佛罗伦萨城逃出来。他们认识到，现在单靠自己的力量已不能战胜黑党了，只有联合吉伯林派才有获胜的可能。1302年6月8日，在离佛罗伦萨城40公里的圣戈旦佐召开了白党流亡分子和吉伯林派的代表会议。过去，他们曾经是政治上的死敌，历史和他们开了一个不大不小的玩笑，现在为了对付他们共同的敌人，他们又坐在了一起。但丁也参加了这次会议，会议决定组织力量打回佛罗伦萨，并派但丁带领特使团到维罗纳向诸侯拔多罗谋借兵。但丁凭借自己的智慧和才情，出色地完成了这一任务。最后两派共组织了4000名步兵和600名骑兵。但丁也是这支队伍的成员之一，他在秘书处工作，他竭尽全力激发这支部队的斗志，鼓舞部队的士气。

佛罗伦萨执政的黑党一点也没有放松警惕，他们也在积极备战，并且通过收买、拉拢等手段在白党内部安置了叛徒和奸细，他们对白党的情况一清二楚。1303年3月双方在离佛罗伦萨城几公里的布里恰诺镇展开决战。白党和吉伯林分子纯粹是抱着复仇的心理参加战斗的，他们纪律松弛，组织涣散，战斗力不强。黑党发布公告，宣布“你们白党，竟然跟吉伯林派联合起来了。因此你们是叛徒、流寇，既违抗教皇，又反对教会，真是罪该万死”。他们利用佛罗伦萨人民对吉伯林派的旧怨在舆论上占了上风，同时利用普通百姓的贪财心理，宣布可以查抄白党成员的财产，实际上是鼓动老百姓去烧杀抢夺。布里恰诺战役，白党和吉伯林派联军无可挽回地失败了。

1304年7月，白党流亡者和吉伯林党人获悉黑党首领外出的消息，决定乘着黑党内部空虚的时机，攻占佛罗伦萨城。他们决定在离佛罗伦萨城两英里的一个小村落集合起来，再一起合力出击。但年轻将领巴斯吉拉急于求成，未等天黑以后各路人马到来一起进攻，自己先率领一队人马大白天攻入城内，黑党在城内设下了埋伏，以逸待劳，再加上天气酷热，巴斯吉拉全军覆没，从而打乱了整个作战计划，使这次战役功败垂成。但丁事前反对这次偷袭，指出抱着复仇的心理不能取胜。但丁的理智态度遭到了这些愤愤不平的白党分子的攻击，一时间但丁成了众矢之的，但丁感觉到了孤独的滋味。

武力不能使但丁回到佛罗伦萨，他幻想能够通过和平手段达到这一目的。教皇卜尼法斯八世的去世给白党带来了希望。

中世纪时宗教思想作为封建统治的思想支柱，使得教会势力十分强大。教会和世俗政权之间既相互配合又相互斗争，教皇以上帝代言人的形象出现，主张教权高于俗权，置自己于各国国王之上，从而引起了与国王们的矛盾。卜尼法斯八世经过努力使各国国王服从于自己的权威，只有法国的国王美男子菲利浦自行其是，不受教皇约束。卜尼法斯八世开除了他的教籍。法国皇帝经过精心准备，召开会议，派了一位大臣去命令教皇来参加宗教会议。这位大臣在教皇的驻地组织了一些人马。围困了教皇的官邸，辱骂教皇，大肆进行抢劫。教皇虽然最终得救，但已经威风扫地，不久便气恼成病，离开人世。很快，教皇本笃十一世上台，他是一位仁慈、虔诚的基督徒，上台后即派红衣主教尼科洛·柏那多去佛罗伦萨斡旋，试图用和平方式消弭佛罗伦萨黑白两党之间的仇恨，调解他们的矛盾。

黑党上台后，没收了白党成员的大量财产，他们决不愿意把到手的东西又双手奉献出去。但佛罗伦萨人民倦于黑白两党的纷争，要求和平，因此他们挥动着橄榄枝迎接这位和平使者。黑党不敢明确拒绝和平，因此同意和谈。但丁受白党委托起草了答复红衣主教和平呼吁的公函。黑白两党各自派出了代表，在佛罗伦萨城开始谈判。但丁多么希望和谈能够成功啊！但黑党只空谈和平，不涉及实际问题，采取拖延战术，谈判陷入僵局，和解无望，白党成员不得不离开佛罗伦萨。和平的道路被堵塞了，希望之光又一次暗淡了下去，但丁重返佛罗伦萨的梦想又一次破灭了。

和解的希望破灭以后，彻底决定了但丁的流亡命运。他在那里出生成长，他熟悉那里的一草一木，一街一巷，他能熟稔地运用街头巷尾的俗语，他的诗歌创作的源头在那里，那里丰富多彩的生活曾给予他无数的创作灵感。那里还有他的妻子和孩子们，他的一切都在那里。他多么渴望回到那片土地啊，只有在那片土地上他这棵大树才能枝繁叶茂。流放，对一个诗人来说，要忍受多少痛苦啊！

也许，苦难对诗人来说并非总是一件坏事，因为正是在这种备尝艰辛的环境中但丁完成了他最伟大的作品《神曲》。

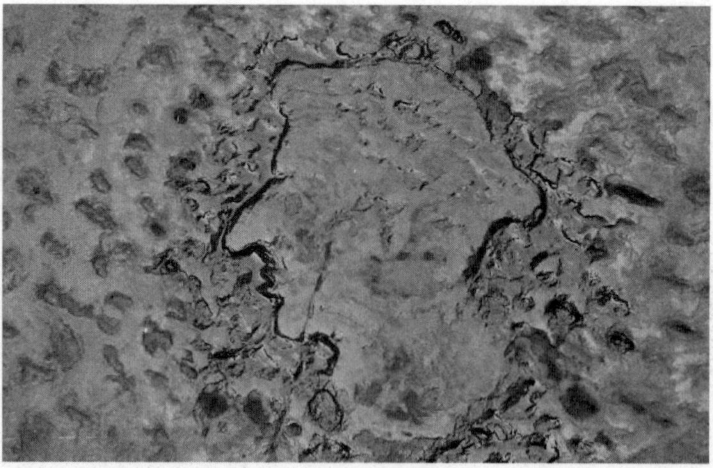

←刻在地面上的但丁头像

相关链接

XIANGGUAN LIANJIE

《神曲》——倾家荡产者

我们仍在那棵树干旁边注意倾听，

以为他还要谈些别的事情，

这时，我们被一阵喧嚣声震惊，

就仿佛一个猎人在他窥伺的地方，

听到野猪和猎狗向他奔驰而来，

他听到猎狗的吠叫和野猪摩擦树丛的唰唰声响。

瞧，左边有两个人赤裸着身子，遍体伤痕，

他们在拼命逃窜，

撞断了丛林中的一片片枝蔓。

前面那人在叫喊："现在，你快来吧，快来吧，死神！"

另一个人看来已过于迟延，

他叫道："拉诺！你的双脚不曾有过如此灵便，

即使在托波附近的比武会上也不曾这样！"

接着，他或许是上气不接下气，

急忙与一片林丛混在一起。

他们身后的那片丛林，

满是饥饿而又飞驰的黑犬，

恰如猎兔狗甩掉锁链。

这些黑犬用牙齿朝那蜷缩成一团的人身上咬去，

把他一片又一片地撕得四分五裂，

随后又把那痛如刀割的四肢叼开。

相关链接

XIANGGUAN LIANJIE

《神曲》——自寻短见的佛罗伦萨人

这时，我的护卫者拉起我的手，
把我领到正在哭泣的树丛眼前，
那树丛被撕得鲜血淋淋，但此时哭也枉然。
树丛说："啊，雅科波·达·圣安德烈亚！
你拿我当屏障究竟有何用处？
我对你的罪恶一生又负有什么罪责？"
老师来到树丛上方站住，

他说道："你生前是谁？

你的顶端多处受伤，淌着鲜血，又口出怨言！"

树丛对我们说："啊！你们这两位灵魂

到此眼见我受此残忍的伤害，

这伤害把我的枝叶从我身上撕开，

请把这可怜的树丛脚下的枝叶拾捡起来。

我曾是那座城市的人：

它曾把第一位守护神改为施洗者约翰，

正因如此，那第一位守护神

才总是运用他的法术，令那座城市备受刀兵之苦；

若不是在阿尔诺河的通途上还保留着他的一些踪迹，

即使市民后来在阿提拉烧杀的废墟上

把那座城市重新建立，

他们的重建工作也会是枉费心机。

我曾在家中立起绞架，让我投环自缢。"

瑰丽的《神曲》

我是我命运的主宰，
我是我灵魂的主人。
——亨 利

流放，给但丁带来了无比的痛苦，却给后人留下一部神奇瑰丽的伟大作品《神曲》。俄国杰出的文学评论家别林斯基把它誉为“中世纪的史诗”。它要表现的思想是：在新旧交替的时代，个人和人类从迷惘和错误中经过苦难和考验，到达真理和至善的境界。《神曲》全面地反映了14世纪意大利的社会政治现实，深层次地表现出但丁的社会政治主张、宗教哲学思想和道德伦理观念。一些研究者认为“《神曲》是中世纪文学哲学的总汇，但丁乃诗界的圣多玛”。它包罗万象，几乎囊括了中世纪的学问，是整个中世纪文化的艺术性总结，因此它具有百科全书式的内容。恩格斯说但丁是“中世纪的最后一位诗人，同时又是新时代的最初一位诗人”，从而是意大利文艺复兴的先驱。

《神曲》是一部特殊的史诗，因为诗中叙述的既不是有关某个英雄人物的传说，也不是某个重大历史事件，而是诗人想象中的经历。全书共100歌，分《地狱篇》《炼狱篇》和《天堂篇》三部分，每一部分由33首“歌”组成，加上全书的序曲，共100歌，14 000行。

《神曲》的主要情节是描写诗人假托梦中神游“地狱”“炼狱”“天堂”三界的经过。但丁描写到，在自己走上“人生旅程的中途”，即在35岁时的复活节前的那个星期五黄昏（1300年4月8日），在一座森林里（森林象征着罪恶）迷了路。黎明时，他来到一座洒满阳光的小山脚下，他正要登山，却被3只张牙舞爪的野兽：豹子、狮子和母狼（分别象征着淫欲、强暴和贪婪）挡住了他的去路。前有猛兽，后有幽谷，情势十分危急。这时，受贝德丽采之嘱托，古罗马时代的伟大诗人维吉尔出现了，他搭救了但丁，并带领但丁游历了地狱和炼狱。但丁十分推崇维吉尔的诗。维吉尔刚一出现便受到尊敬的

←《神曲》

欢迎："你是我的老师，我的楷模，只是从你那里，我才获得了那种为我带来荣誉的优美的风格。"

在但丁的描述中，地狱的形状有点像下窄上宽的大漏斗，它的中心线起自耶路撒冷之下，终于地心，共分九层三大部分（但丁依据的是古希腊哲学家亚里士多德把罪恶分成三类：放纵、凶残、恶念）。来到地狱里的是一些形形色色的罪恶灵魂，罪孽愈重，住的层次愈下。第一部分在地狱首都狄斯城外，共分五层：第一层称为候判所，是等待上帝裁判的古代异教徒，他们生活在基督教出现之前的那些年代里，因此从未受过洗礼。其中有善良的灵魂，如荷马、维吉尔、贺拉斯等古代作家、哲学家和其他学者、他们虽然没有罪，但只有经上帝裁决之后才能进入天堂。第二层是好色之徒，他们遭受的处罚是在深谷中爬行，遭受冰雹的痛击；第三层是犯饕餮罪者，罚他们身陷泥坑，遭狂风暴雨之苦；第四层是犯贪婪挥霍罪者，他们在此相互谩骂厮打不休；第五层是惩罚生前动辄发怒的灵魂，他们赤身裸体在一潭污泥浊水中你撞我咬，拳打脚踢，个个皮开肉绽。第二部分在狄斯城内。共分三层，收容的都是罪孽深重的灵魂。第一层里大火熊熊，邪教徒们被烧得呼天抢地；第二层又分三级，里面收容的是暴君、自杀者、惯用暴力者和蔑视上帝者，他们上受火雨烧灼，下受烫沙煎熬；第三层收容的是生前犯有淫媒、诱奸、贪污、谄媚、伪善、偷盗、买卖圣职、挑拨离间、阴谋诡计、重利盘剥等罪的灵魂，都在这里遭受酷刑，如贪官污吏，在沸腾的沥青中遭受煎熬；买卖圣职的教皇，头朝下插入坑中，脚上在燃烧。地狱的第三部分是个巨大的深井，其底部是个冰湖（冰象征背信弃义者的冷酷无情），凡生前犯有残杀亲人或各种背叛罪行的灵魂都冻在湖里。随后，维吉尔引导但丁通过一条裂罅又回到地面，来到炼狱山前。

炼狱之山矗立于南半球之上，并与地狱遥遥相对。炼狱的刑罚没有地狱里那样严酷，具有赎罪性质，来到这里的是犯有轻微过失，能够通过忏悔、修炼得到宽恕的灵魂。炼狱山的山脚收容的是生前没有来得及忏悔的灵魂。炼狱山的山身共分七级，住着犯有七大罪恶的灵魂，这七大罪恶是傲慢、嫉妒、愤怒、怠惰、贪财、贪色、贪食，灵魂在这里洗涤罪恶，每洗去一种罪恶，灵魂便上升一级，逐步登上山顶的“地上乐园”。但丁虽然没有像炼狱中的灵魂那样受到惩罚，但是，他也加入了这个涤罪的行列。维吉尔把但丁引导到这里以后便完成了任务，隐没不见了。但丁青少年时的恋人贝德丽采现身，但丁向她做了忏悔，然后被带过里西河，洗净了一切罪恶的记忆，她引导但丁游历了天堂。天堂共分“月星天”“水星天”“金星天”“太阳天”“火星天”“木星天”“土星天”“恒星天”和“水晶天”等九重，居住着幸福的精灵，依据他们德行高尚的程度不同，他们生活在不同的天体之中。但丁在这里看到了贤明的君主、十字军战士、苦行僧、神学家、殉道者和基督的门徒等灵魂。贝德丽采把但丁引导到第九重天后，将他交给圣伯纳特，自己归于幸福的玫瑰之中。圣伯纳特指引但丁谒见上帝，但丁顿时大彻大悟，见到了“最后真理”。但丁的梦幻正式结束，历时一周。

《神曲》是但丁的代表作，也是他一生中写作时间最长、规模最大的一部作品。《神曲》在16世纪以前，名叫《喜剧》。不过“喜剧”两字与戏剧无关，因为那时人们把叙事体的作品也称为悲剧或喜剧。但丁这部诗篇叙述了从地狱到天堂，从苦难到幸福的历程，结局完满，故名《喜剧》。后来人们为了表示对伟大诗人的尊敬，在书名前加了“神圣”两字，名为《神圣的喜剧》，简称《神曲》。

但丁生活在欧洲历史重大转折时代的前夜，此时在意大利出现了资本主义的萌芽，新兴市民阶级正在崛起，文艺复兴运动正在起步。《神曲》不可避免地深深打上了时代的烙印，具有跨时代的特征，它既有中世纪宗教思想观的痕迹，又有新思想的萌芽，忠实地描绘了佛罗伦萨从封建关系向资本主义关系过渡时期的社会政治变化。

但丁通过其作品《神曲》揭示出来的一个基本主题是个人灵魂的高贵及人类道德的尊严。他把自己对于人的崇高价值的严肃、深刻的理解糅于雄伟、壮丽的文学想象力之中，构筑了地狱、炼狱和天堂（按照教会的思想）三种境界，由理性和神性做导引（维吉尔和贝德丽采分别象征这两者），以“上天入地求之遍”的苦苦追索精神，游历了这三种境界，遍览了古往今来人们在自己复杂的人生道路上所走的弯路、陷入的迷途、犯下的错误和铸造的罪恶，指出人是怎样伤害了他人、贬损了自己，揭示出人的心灵和意志上的种种弱点，从而寻求着人的价值和尊严，探索着通往人的崇高美德和自我完善的艰难道路。但丁之所以历尽艰难险阻，从阴森可怖、怪兽出没的地狱，悲惨凄凉、忧郁沉重的炼狱，到风光秀丽、充满喜悦的天堂，追求的正是自己作为人所应当具有的那种个性人格和灵魂的高贵以及道德的尊严。在这一人生的追求中，体现出一位有着高度人格意识和强烈社会责任感的思想家所具有的深刻的忏悔意识、批判精神和进取意志，反映出新兴市民阶级蓬勃向上的图景。这种精神特质在欧洲文学史上通过但丁的笔第一次以宏伟博大的史诗般的文学体裁表现出来。这种精神特质是人类发展的动力，其基本特征是深刻锲而不舍的自我批判、自我忏悔、自我完善的自觉意识以及对全民族、全人类道德进步和文明发展的思虑和关切。在人类物质进步的发展历程中，离不开精神进步这一重要层面；而个人、民族和人类在精神文明的发展历程中，离不开这种自觉的批判精神和进取精神。这也说明了为什么人类每前进一步总要有一批思想家顺应时代潮流，清算社会历史的和精神观念的陈腐垃圾的基本原因。事实上，这种但丁精神自欧洲文艺反复兴开始就一直伴随着人类迈向历史的进步。只要人类的天良尚在，只要人不返回到兽的地步，继续向前发展，那么但丁的这种精神必定伴随人类的进步而青春永驻。

但丁很重视个人的意志和选择，换句话说，个人必须为自己的行为负责。但丁的这种思想实际上是对个人尊严的珍惜和维护，是个人对于社会生活采取的一种积极参与的态度。但丁是中世纪第一个强调人的价值和尊严以及尘世生活意义的人，他反对中世纪教会鼓吹的来世主义和禁欲主义。他认为人的理性和自由意志是上帝“最伟大的杰作”，也是上帝给予人类的

“最伟大的赠品”。他热情讴歌现实社会生活，要求对社会负责。这种对个人、对社会的负责精神浸透在《神曲》的字里行间，对自己不负责任、对社会不问是非的人生态度在这里被视为一种“罪”而受到谴责和审判。

但丁的《神曲》从总体上来说，是一部体大思精的人类历史——社会道德批判方面的巨著，它记录了人类自身深刻反思的痛苦心路历程。贯穿地狱——炼狱——天堂这三境界之旅程的，是人类的一种痛入骨髓的忏悔意识和反省精神，是人类对自我完善的崇高境界的热烈向往和追求。但丁在游历地狱和炼狱时，看到人类犯下的那么多罪孽，那么多过失，流了那么多的血，付出了那么沉重的代价（特别是人格的、道德的代价），他愤慨，他迷惘，他恐惑，他仰天长叹，他默默沉思。他从九层地狱的那种道德构架中看到人类滚滚历史车轮下面留下的斑斑血迹，看到人类心灵深处的黑暗角落。他不是向那些抽象的历史力量宣战，而是向有血有肉的活生生的人挑战，把批判的锋芒指向人自己，指向自己的灵魂。但丁通过《神曲》给我们留下的最强烈的心灵震动，不仅仅是人类犯下的那些惊心动魄、令人发指的罪行，而是人对于这些罪行所做的自我批判，是那种感人至深的忏悔意识和反省精神。我们正是从这种痛彻骨髓的忏悔意识中看到了人类的未来和希望。

但丁在《神曲》中，极力否定神权统治和教会至上的观点，反对教皇的世俗权力。他把教会和国家比喻为两个太阳，分别照耀着精神世界和尘世生活，从而否定了教权高于俗权，教皇高于皇帝的教会至上信条。但丁坚决拥护皇帝，把皇帝视为统一的象征。他把亨利七世安排在了至真至圣的天堂，而在地狱中给当时的教皇卜尼法斯八世留了一个位置。他无情地揭露和批判了教会的黑暗和腐败，他痛斥教皇、主教和僧侣们是一群“披着牧羊人衣服的贪婪的豺狼”，“把金钱当作上帝”，并说教堂是“兽窟”，罗马教廷已经变成了“污血沟”和“垃圾堆”。同时他也抨击了封建统治阶级，指出“意大利所有城市中到处是暴君”，他们同室操戈，相互残杀，使意大利成为暴风雨中没有舵手的孤舟，“境内没有一块干净的和平土地”。但丁也对新兴市民阶级的高利盘剥、追逐金钱、贪婪自私和正在兴起的资本主义所带来的种种罪恶，给予了严厉的谴责。

但丁在《神曲》中反对中世纪的蒙昧主义，积极提倡发展文化，追求真理，追求知识。他对被称为异教徒的古希腊罗马的学者文人十分尊敬，毫不避讳地称自己是继荷马、维吉尔、奥维德、贺拉斯、卢甘之后的第六位作家。他热情洋溢地歌颂古代英雄奥德修追求知识的美德，指出人“不能像走兽一般活着，应当追求美德和知识”。

但丁的这些思想反映了新兴市民阶级要求摆脱封建统治的控制和基督教会的束缚的强烈愿望。《神曲》成为中世纪贵族文化的终结，又是未来资产阶级新文化的序曲。

当然《神曲》也有受时代阶级局限的缺陷，没有完全突破中世纪宗教的藩篱。如全书按三、九、十、百等数字布局谋篇，共分三篇，每篇33歌，共99歌，加上序曲，共100歌，地狱、炼狱、天堂都分为九级，这是因为“三”象征神学中的圣文、圣子、圣灵的“三位一体”，是世界上最大的奇迹；“九”为三的平方，是“奇迹中的奇迹”，“十”表示完美，“百”是“完美中的完美”。

《神曲》不仅思想深刻，内容丰富，而且在艺术方面也有很高的成就。但丁在《神曲》中运笔如刀，刻画人物形象细致入微，具有鲜明的个性，又富有艺术概括力。但丁着墨不多，寥寥数语，就把人物刻画得栩栩如生，把场景交代得清清楚楚，而所描绘的那些来世景象读来也颇有真实之感。写地狱罪孽深重，幽深昏暗，色调阴沉；写炼狱，忧郁沉重，但充满希望，色调柔和；写天堂，美好幸福，心旷神怡，光辉明丽。可见但丁善于烘托、渲染各种不同的环境气氛，善于通过环境来表现自己的思想感情。但丁达到这一步依靠的是俗语，但丁是欧洲第一个用民族语言写作的作家，他是意大利民族语言的奠基人。鲁迅先生在《摩罗诗力说》中认为他用意大利语创作，标志着意大利民族的统一意志。

《神曲》在艺术形式上也有缺陷，诗人采取象征隐喻的手法，充满了神秘色彩。但丁在写给朋友的一封信中说："应当理解这一点，这部作品的意义不是单一的；相反，它是'一词多义'的，即包含有多种意义；其中第一层含义是由文字本身传达的，第二层则是由文字所意味的内容而传达的；前一种可以叫作字面的意义，而后一种意义则可称为隐喻的或神秘的意义。"再加上引用典故太多，与我们的时空距离都很大，给我们阅读带来一定的困难。

《神曲》是意大利民族文学的骄傲，也是世界文学宝库中的珍品。自文艺复兴以来，欧洲许多文学家、思想家都从中汲取到了丰富的营养，包括马克思和恩格斯。

相关链接
XIANGGUAN LIANJIE

《神曲》——马拉布兰卡们

那罪人沉落下去，又弓起背浮了上来，

但是，躲在桥上的那些魔鬼

却喊道："这里可没有圣沃尔托的地位：

在这里，游泳要用另一种方式，可不像在塞尔基奥河，

因此，你若不想被我们抓破，

就不要浮到沥青的表面上来露头。"

接着，他们又用一百多把铁叉把他叉住，

说道："你该躲在这里跳舞，

倘若你能，你还可以悄悄地偷鸡摸狗。"

即使厨师也不会改变做法，让他们的徒弟

用肉叉把肉块按进锅底，

不让它从汤中浮起。

相关链接

XIANGGUAN LIANJIE

《神曲》魔鬼巡逻队

他开始说道："阿利基诺出队，还有卡尔卡布纳，

还有你，卡尼亚佐；

巴尔巴里恰，你来带领这十人队。

利比科克过来，还有德拉基尼亚佐，

格拉菲亚卡，还有呲着獠牙的齐里亚托，

鲁比坎泰以及法尔法雷洛，

你们要围绕这沸汤滚滚的黑色粘胶寻觅：

让这两个人能安全地一直到达另一堆乱石形成的桥梁：

它完完整整地横跨这层层深洞。"

"哎哟，老师！我看到的是什么啊？"

我说道，"哦，还是让我们不要护送，独自前行，

既然你熟悉路径，我也不为自己要求什么护送。

倘若你像往常那样眼亮心明，

难道你看不出他们在咬牙切齿，

虎视眈眈，随时会干出坏事?”

他于是对我说：“我不想让你害怕：

你索性让他去咬牙切齿就是，

他们这样做是针对那些受熬煮之苦的人。”

他们向左岸转去；但是，

在这之前，每个人却都伸出舌头，用牙紧咬，

朝着他们的头目发出暗号；

于是，那头目也便把肛门当作了号角。

相关链接

XIANGGUAN LIANJIE

《神曲》——魔鬼与贪官污吏

我过去曾见过骑兵拔营，

检阅队伍，开始进攻，

有时还后退撤兵；

我还见过轻骑兵在你们或阿雷佐人的土地上侦察驰骋，

也见过骑兵烧杀掠抢，践踏敌营，

在竞技场上，两军对峙，单骑相争；

我曾见过骑兵打信号，有时吹号，有时打钟，

用鼓也用狼烟烽火通风报信，

既用我们自制的东西，也用外来品；

而我过去从未见过骑兵、步兵

竟用如此奇特的信号工具来开拔，

也从未见过靠陆地显现或星辰位置确定航向的船舶用它来起碇。

我们岁同这十个魔鬼前行：

哎哟！多么吓人的一群伙伴！

不过，在教堂就是与圣徒为伍，在酒肆就是

有酒鬼做伴。

我只好把我的注意力
放在沥青胶液上，
观看在其中被烧煮的人们的种种状况。
就像海豚在海面弓起腰脊，
向水手传递风雨即将的信息，
叫他们必须想方设法保全他们的舟楫。
有些罪人也正是如此，
露出脊背以减轻痛楚，
而转眼间，又把它藏到沥青下面。
也像那些伏在水沟边沿的青蛙，
只把嘴脸露到外面，
双脚和大部分身躯却隐匿在下边；
四处的罪人也都是这般光景；
但是，一见巴尔巴里恰走近，
他们也就急忙没入沸腾的沥青。

流亡生涯

游鱼沉默于水中，野兽喧闹于大地，飞鸟在空中歌唱。可是人啊，它具有海洋的沉默，大地的喧吵，与天空的乐章。

——泰戈尔

但丁重返佛罗伦萨的希望破灭了，他不得不四处流浪。在当时，政治放逐是一种很普通的社会现象，因此但丁的命运从客观上来说也没有什么特别惊人之处。然而尽管如此，放逐还是决定了他的一生。政治放逐意味着离群索居，意味着需要同情者的庇护，而过去他在事业上所取得的成就是多么辉煌啊！他在市政厅任职时，接触过社会各界的三教九流之士；他奉命作为特使出使异邦时，显示出自己的过人睿智和才华；他深知自己出口成章，能言善辩，能够在民众大会上激发起听众的热情；作为一位名闻遐迩的诗人，他的诗句脍炙人口，流行在大街小巷，少女们都喜爱吟咏背诵，以寄托怀春之感，并被许多公证人引用，他的诗歌被工工整整地抄写在羊皮纸上。

在《飨宴》中，他抒发了自己的流亡情怀：

佛罗伦萨，你是罗马最美丽、最著名的女儿。我在这胸怀中生下，并被抚养到生命的感句。我全心全意地想望在这胸怀中休息我疲倦的心灵，度过我以后的时光。现在，由于公民们的意志，我被抛出了你那温暖的怀抱。我几乎走遍了所有通行这种语言（意大利语）的地方，几乎像一个四处乞讨的流浪汉，违反本愿，让人观览命运的打击，而人们却往往将这种打击不公正地归咎于受难者。我最像是一只无帆无舵的小船，被悲痛的穷困吹出的寒风飘送到许许多多的海港、海湾和海岸。许多人根据传闻，对我加以猜测，在他们的眼中，我已经是另外一副容颜。

对于思想家来说，政治放逐意味着渴望得到人们的承认，揭露获得自我证实。因此，被放逐者无不具有这样一种执着的信念，即要使自己的无根的存在具有意义。所有这些一般的特征，都反映在但丁1302年以后的作品中，同时，流放的经历也使得他不断地思考他过去的生活和作品。而另一方面，政治命运中的浮沉又决定他的政治兴趣的方向，决定他那希望和失望的晴雨表的变化。事实上，在他以后的生活中，政治仍旧在相当大的程度上左右着他关于人类和宇宙的观点。

但丁在武装斗争与和平谈判都不能解决重返佛罗伦萨的情况下，离开了其他白党成员。但丁形单影孤，他的出路在哪里呢？他的家远在佛罗伦萨，但可望却不可即，只能到处遭人白眼。站在人生的十字路口，他该如何选择？经过痛苦的思考，他决心放弃政治活动，重返书斋，以笔为剑，唤醒意大利的人们，实现自己青年时的抱负与理想。离开了白党流亡者后，被

政治纷争搅乱的头脑平静下来，以前的想法又一次涌现出来。他过去想做但没有时间去做的事现在可以动手了。他要对意大利方言俗语进行研究，彻底掌握这种语言。他要完成自己的夙愿，即在《新生》

中表达的要创作一部绝世之作的愿望，他要研究哲学、天文学、宗教等各科知识，他要学习的还太多。

现在，他需要的是一个安静的写作环境，同时必须获得生活所需品，以及写作时必要的参考书。因此他不能困守在穷乡僻壤，变得孤陋寡闻，最好的选择是以四海为家，增加见识，丰富阅历。他决定先去维罗纳，因为那里的司加拉家族盛情邀请他前往，司加拉家族以热情好客，敢于接待文艺复兴的新人而闻名，而且宫廷里藏书甚丰。

但丁来到维罗纳以后，受到司加拉家族的热情招待。他不必为衣食住行操心。在这里，他参加了主人的各种宴会，但丁在席间非常引人注目，他总是能够讲述各种奇闻逸事，引得人们阵阵发笑。同时他结识了不少来这里避难的人。他也可以与俊俏的城堡女人交往，她们很早就读过但丁的诗篇，一个个情焰炽热，迫不及待地想得到诗人的垂青。

但丁终于有了一个良好的写作环境，住所周围环境优雅，便于思考。他的创作思路又打开了。开始了《飨宴》《论俗语》和《神曲》的写作过程。

《飨宴》由四篇“论文”组成，内容涉及文学、哲学、政治、伦理等。第一篇论文主要论述了在对意大利诗歌进行哲学评论时，应该使用意大利语，而不是拉丁语。这篇文章捍卫了意大利语的庄重性（以后，正是由此发展出《论俗语》一书）。它系统比较了意大利语和拉丁语，并且通过对拉丁语的赞美性分析抬高了意大利诗歌的地位。但丁明确地将他的书献给许多不懂拉丁语的意大利人，他一心要使那些只为大学教授掌握的学问（它们通常是用拉丁语写成的）也为意大利普通读者所掌握。在他以前，从来没有人在如此大的范围内做过这样的尝试。但丁强烈地感受到意大利语言的潜力，他在以后写的《论俗语》中更充分地阐述了这一问题。

《论俗语》的内容主要是探讨意大利的民族语言和文学。它是意大利最早的一部语言学著作。他写此书的目的是想用一种统一的民族语言取代拉丁语。鉴于意大利方言的复杂，他主张博采众长，用“光辉的语言作为统一的标准语言”，“筛选”各地区俗语中的“宏伟字句”。但丁的《神曲》就是用托斯堪那地区的方言撰写而成。他以方言为基础，锤炼出一种自由表达、简捷而又优美的语言。《神曲》诗篇的诞生为意大利民族语言奠定了基础。

虽然在维罗纳的这段日子里，他写出了许多东西，但寄人篱下的生活使但丁心里郁郁不乐，始终感到寂寞。他的根在佛罗伦萨，佛罗伦萨丰富多彩的生活是他创作灵感的源泉，能激起他炽热的感情。主人的盛情款待并不能弥补这些，虽然但丁深为感谢主人的热情。他命中注定要四处漂泊。他拜谢了维罗纳的主人以后，动身前往波罗格那，不久又来到迦生丁。

但丁在离开波罗格那前往迦生丁之前，曾在伦尼奇那地区又一次表现出自己的才智。伦尼奇那地区的马拉斯比家族与吕民主教之间经常因为领土问题发生纠纷，邀请但丁前往调解。马拉斯比家族和吕民主教统治着马格拉河流域，马格拉河蜿蜒穿过两大势力的交界地，注入大海，临近河口处河面豁然开阔，平原镶嵌于两岸，作物繁茂，一派富饶景象。因此两家在这里经常发生冲突。马拉斯比家族早就听说过但丁的名字，了解他的才华，因此邀请他出面为双方媾和。但丁主持了双方的谈判，他老成持重，头脑敏锐，熟谙法律，能够抓住事情的本质，处事公平，双方深受感染，很快达成协议，签署了和平书。

迦生丁的基底伯爵盛情邀请但丁前往迦生丁。迦生丁是个美丽的地方，绿荫蔽日，安谧静寂，境内山陵连绵起伏，宛如抑扬顿挫的诗歌韵律。但丁来到迦生丁，生活在基底伯爵的宫廷里。在这里他结交了不少名门望族的女子，与她们倾心相谈，倾听她们柔媚的倾诉，深沉的幽怨。随后但丁把他们载入他写作的

《神曲》中。

在迦生丁，但丁总把《神曲》近作读给城堡里的贵妇人和骑士们听。很快他的《神曲》流传出去，家喻户晓。吟诵但丁的诗歌成为一种时髦。但丁的《神曲》是用俗语写成，因而雅俗共赏，读来引人入胜，趣味无穷，没有生搬硬套，矫揉造作之感，宛然一幅血肉相连的镶嵌画。

一天但丁在一片静谧的树林间漫步，倾听树的低诉，泉的细语。偶然来到一块林间空地。突然看到一位少女的身影。她身穿一件玫瑰色紧身衣，正在绿意盎然的草地上采撷花朵。一条小溪琤琤淙淙地从她身边流过，溪水清澈见底，河底的鹅卵石粒粒可数。但丁被眼前的美景惊呆了。她美丽脱俗，气质高雅，但丁像少年一样坠入爱河，不能自拔。她上前向他问话，声音清脆悦耳，语气温和、羞怯而又庄重。从此但丁焕发出了青春的光彩，他常在这片树林里独自徘徊，时而仰头微笑，时而低头沉吟。他眼中闪现着灼人的光芒，脸上布满那种沉迷在幻想中的神情。每天早晨醒来，他不再去伏案著书，也不再手不释卷，而是整日里对心中的情人喁喁私语；他已被她搞得神魂颠倒，一会儿倾耳细听她那欢快的笑声，一会儿又羞怯地伸手去触摸她。他把年龄、政治上的磨难甚至手头的写作都抛诸脑后。他整天都在回想着初见她时的印象：光彩夺目，美丽逼人，但丁还从未受过这般艳丽的诱惑，虽然他接触过的女子数不胜数。

我们应该体谅，理解但丁。他的婚姻是由父母包办的，虽然结婚后盖玛以妻子的贤惠让他体会到家庭的温暖。但现在他流亡在外，有家不能归。他在四处流浪时经常想起自己的妻子和孩子们，想起与他们在一起时的快乐。但这不能满足他感情上的需要，流亡生活的磨难自然使他的感情一触即发，一发而不可收，更何况但丁是个始终充满激情的诗人呢！

←佛罗伦萨

相关链接

XIANGGUAN LIANJIE

《神曲》——伪善者的恶囊

我们在下面发现一群衣着色彩醒目的人们，

他们迈着缓慢的步伐，绕着圈子前行，

他们哭哭啼啼，面容疲惫而无神。

他们身着长袍，风帽低垂，

放到眼睛前面，

那长袍的式样像是为克吕尼修道院的僧侣所制的一般。

那长袍外面是镀金的，金光闪闪，令人目眩；

但里面却全部缀满了铅，

这些长袍是那样沉重，腓特烈的那些长袍倒像是把稻草絮在里面。

哦，身穿这永恒的令人疲惫不堪的袍服啊！

我们仍然只是向左转，与他们一起行进，一面注意谛听那凄惨的哭声；

但是，这人群在重压之下如此疲乏，他们只能慢慢地移动，

以致我们每移动一步，就有新的伙伴同行。

相关链接

XIANGGUAN LIANJIE

《神曲》——该以法

我开言道：“哦，修士们，你们的痛苦……”

但我不能再说下去，因为我眼前出现一个人，

他像十字架那样，被人用三根木桩钉在地上，

他一见我便把全身扭动，从胡须中间发出阵阵叹息，卡塔拉诺修士见此情景，

便对我说：“你所注视的那个受钉刑的人，

曾向法利赛人建议：

应当让一个人去为人民牺牲。

他赤身露体，横放在路上，

正如你所见的那样，必须让他

在有人经过之前，感受到来人有多大重量。

那岳父与参加会议的其他人

也同样在这沟渠之内受刑，

正是这次会议为犹太人播下了恶种。”

这时，我看到维吉尔惊异万分，

他目睹那人躺倒在地上成十字形，

竟然如此可耻地经受这永被放逐的苦刑。

相关链接

XIANGGUAN LIANJIE

《神曲》——离开第六个恶囊

维吉尔随后又向这个修士发出这样的声音：

“倘若你能，望你能乐意告诉我们，

右边是否有什么路径可通，

让我们二人可从那里出去，

而不必迫使黑天使

来帮助我们离开这沟底。”

那修士于是答道：“比你所希望的还要好：

附近恰巧有一座石桥，

它从那大圈圈开始延伸，跨越所有可怕的谷壑沟壕，

只是在这一层，它已断掉，无法越过：

你们可以顺着那乱石残岩向上攀援，

那乱石残岩横亘成斜坡堤岸，在沟底堆成一片。”

导师低头沉吟片刻，

随后说道：“那个用铁叉折磨罪人的家伙

把事情讲得不清不楚。”

那修士也说："我早在波洛尼亚就听说，
魔鬼有许多罪恶，我听到的其中之一
就是：他喜欢撒谎，是撒谎的始祖。"
导师听罢就大踏步地向前走去，
神色因愤怒而略显不安，
我也离开了那些负重者们，
脚踏着那亲切的足印。

相关链接

XIANGGUAN LIANJIE

《神曲》——瓦尼·福齐的侮辱行为和但丁对皮斯托亚的诅咒

这个盗贼言罢此语，

使抬起双手，用手指做出淫秽的嘲弄手势，

喊道："接过去吧，上帝，让我用它来教训你！"

从这时起，有几条蛇对我可算友好，

因为其中一条此刻把他的脖颈缠绕，

仿佛在说："我不要你再唠叨；"

另一条蛇缠在他的双臂上，重新把他捆紧，

同时把自身牢固地系在它的前身，

这使他的双臂丝毫不能活动。

啊，皮斯托亚，皮斯托亚！为何你不能决心使自己化为灰烬？

这样你就不致继续长存，

既然你为非作歹，胜过你的祖宗！

我经过暗无天日的各层地狱，

不曾见过有鬼魂竟敢对上帝如此傲慢狂妄，

即使从特拜城墙上跌下身亡的那一个也不敢如此猖狂。

最后一线希望

希望是在风雨之夜所现之朝霞。

——歌　德

但丁在长期流亡中，广泛地接触意大利社会，扩大了视野，丰富了人生阅历，熟悉了社会各个阶层，从而加深了他对祖国面临的社会政治问题的认识。他看到了意大利各城邦之间由于彼此倾轧给群众带来的沉重灾难，也看到罗马朝廷的黑暗、腐败和反动。他猛烈抨击意大利各邦内部的党派之争，反对教廷干预世俗政治。

1304年，教皇本笃十一世英年早逝。1305年选举鲍德克斯为教皇，史称克莱门特五世。这位新教皇从未离开过法国，在其在世期间，罗马教廷日益沦为法国的傀儡，教皇留居法国的阿维尼翁，“阿维尼翁”教廷出现了。在他任教皇的头几年内，教会在意大利中部的政策几乎完全遵循本笃十一世的旧规。他极力促进意大利圭尔夫党和吉伯林党的和解，并企图以此确保教皇领地的统一。这一点在佛罗伦萨表现得最为明显。因此在1304—1309年间，无论吉伯林党还是白党都将教廷看作一种仁慈的力量。但这种政策只是一种努力而已，并没有取得明显效果。这种状况一直持续到1309年神圣罗马帝国皇帝亨利七世上台为止。

刚刚登基的神圣罗马帝国皇帝亨利七世，在得到教皇支持的情况下，雄心勃勃地宣布将亲自驾临意大利，旨在消弭各城邦各党派之间的纷争，使流亡者重返故里，给意大利带去持久和平。他将像和平鸽一样在意大利政治力量间穿梭，如果谁敢抗命不遵，他将像鹰隼一样对待那些乱民叛匪，因为君权神授，他是芸芸众生的主宰。

→但丁

这时但丁远在巴黎。为了完成《神曲》的写作，他急需补充自己的知识，特别是哲学和神学知识。他在巴黎孜孜不倦地吸取着知识的营养，几乎忘记了岁月的流逝。这时传来了亨利七世将亲自君临意大利的消息，但丁感到欢欣鼓舞。多年的流亡生活，使他对佛罗伦萨的印象都有些模糊了，重返故里的愿望早已荡然无存了。这一消息唤醒了他的记忆，他心中又陡然升起希望。他放下了学业，立即启程赶回了意大利，希望能助亨利一臂之力。

亨利七世派钦差大臣和先遣部队先行进入意大利。他们在意大利北部地区受到盛况空前的欢迎，老百姓奔走相告，握手相庆。他们早已对意大利连年不断的动乱感到厌倦，希望能过上和平安宁的生活。但丁在《飨宴》中预言过，在《神曲》中颂扬过，而今幻想就要变成现实了：哪里有喋血，哪里橄榄枝就枝繁叶茂；哪里有青蛇，哪里和平鸽就会咕咕叫。

但丁又一次勇敢地投入战斗，他给意大利各地统治者写信，谨请他们顺乎民心，归顺皇帝。在信中他认为，帝国和教廷是两种平行的、平等的权利机构，他们分别统治着尘世生活中的世俗和宗教两个方面，意大利人应该欢迎神圣罗马帝国统治下的和平。

他充满了信心，信写得热情洋溢，坚信和平将来临，意大利将统一。他的心情极为兴奋，甚至放下手中《神曲》的撰写工作，为亨利七世的到来奔走游说，组织力量。他除了用书信和晤面的方式，动员他所认识和敬佩的人参加这一和平统一祖国的活动之外，还亲赴米兰、福而利，往返于阿雷佐，同分散在各地的同党联络，号召他们拥戴皇帝。同时他向亨利七世发出了几封信件，恳请他早日驾临意大利。

这时，但丁的政治思想完全成熟了。他决定写一部不朽的著作，为亨利七世的到来做舆论准备，同时反驳敌视皇帝驾临的那不勒斯国王手下的御用文人，他们正在无事生非，摇唇鼓舌，大造舆论，否认亨利七世的权力，说教会不应为其加冕。但丁把书名定为《论世界帝国》。

《论世界帝国》是但丁的政治理论代表作。在这部书中，但丁系统地阐述了他的政治理想，即建立一统天下的世界帝国，全书共分三个基本论题。第一个论题是为了世界的福利有必要建立一统天下的世界帝国。但丁指出，全人类文明的普遍的目的是全面地不断发展人的智力水平，使全人类在一切学科和艺术方面有所作为，有所创新。要实现这一目的，需要世界和平，而要实现世界和平，就必须建立一个统一的君主制国家。只有在这样的世界帝国里，才能解决世上所有国家之间的纷争，实现和平与正义的统治，才能充分发挥人的才智，使其过上幸福的生活。第二个论题罗马人有资格掌握这一尘世帝国的权力。但丁论证说，古罗马人建立帝国，统治世界，这是顺应上帝的意旨，因此，必然是合乎公理的。罗马民族是最高的民族。在奥古斯都时代，世界统一在罗马政权之下，人间秩序井然，举世和平昌盛。但丁认为这是人类最幸福的时代。因此他理想中的世界帝国应由罗马人执掌政权。这里但丁所说的罗马人是指必须具备其祖先的优良品德的罗马人，而不是他所痛斥的骄傲贪婪的，与他同时代的意大利人或罗马人。第三个论题是这一世界帝国的权力直接来自上帝，而不是间接地来自上帝的代理人——教皇。但丁不顾反动教会的高压统治，大胆而详尽地驳斥了君主的权力来自教皇的种种论点。他论证说，人生于世，追求双重的目标：一个是尘世的幸福，另一个是天国的幸福，教皇的使命是管理人类的精神生活，引导世人遵守神的教导，能于来世进入“天上乐园”，享永世之福。皇帝的职责是把人类引导到人间幸福的世界。使尘世成为“人间乐园”。因此，君主的权力并非来自教皇，而是直接来自上帝。但丁第一次从理论上提出了政教分离的思想，向神权思想进行了英勇的挑战，反对教皇干预世俗政权。但丁明确指出，教皇是意大利统一中的障碍，他的统治只能加剧意大利的分裂局面，因此他反对教皇干预政治，主张建立以皇帝为核心的中央集权国家。因此，《论世界帝国》被罗马教廷列为禁书，直到本世纪初

1908年才开禁，1921年教皇才正式宣布其中政教分离的思想是正确的。但丁的上述思想反映了意大利新兴市民阶级的愿望和要求，同时也表达了人民渴望建立统一国家的意志。

可是亨利七世迟迟不出发，翘首以待的人们焦急不安。但丁又给皇帝发了几封信，请求皇帝早日驾临。终于传来皇帝到达萨伏伊的消息。随后亨利七世君临阿斯蒂城，在这里他受到马斯拉比家族、司加拉家族、乌培帝家族等名门望族的热烈欢迎。亨利七世继续向南进发，所到之处，受到老百姓狂热的欢迎，因为他的确给他们带来了和平，各敌对派别在他面前和解了，人们之间的仇恨之情消失了。亨利七世来到米兰城下，使相互敌对的米兰皇家代理人与总主教握手言和。意大利各派之间也达成谅解，米兰议会宣誓效忠于皇帝，总主教为亨利七世加冕为意大利国王。整个意大利沸腾了，人们为亨利七世取得的奇迹欢呼。但丁也兴奋异常，盼望亨利七世早日前往佛罗伦萨。

但是佛罗伦萨的政治形势却根本不同。黑党现在完全控制着佛罗伦萨，他们深得民心，能够代表人民的利益。他们清楚地知道，与白党和解就意味着归还被逐者的财产并恢复他们的名誉与他们分享权力，这种事只有傻瓜才会去做。经过多年的政治斗争，佛罗伦萨人的政治艺术完善成熟起来，他们始终保持着清醒的政治头脑。佛罗伦萨的经济蓬勃发展，贸易遍及五洲四海，如果他们做出让步，就会失去巨大的经济利益，况且一个日耳曼皇帝凭什么要他们拱手让出既得的利益，煮熟的天鹅岂能让它飞上天去。佛罗伦萨看重的是利益，他们的政策获得了佛罗伦萨人民的支持。

他们清楚地知道，亨利七世并没有完全获得其他政治势力的支持，特别是教皇和那不勒斯国王的支持。教皇之所以这样抬高亨利七世，对他曲意奉迎，并不是要培养一个至高无上的神圣罗马帝国皇帝，因为教皇自己才是上帝的代言人，至高无上者，所有人都得跪拜在他面前。教皇之所以青睐亨利七世，是要利用他来作为与藐视教会权威的法国国王斗争的一个工具，绝不允许他超出这个界限。美男子菲利浦在气死卜尼法斯八世以后，把教廷变成了自己的傀儡，克莱门特五世要想与法王抗衡，必须借助亨利七世。佛罗伦萨黑党抓住教皇的心理，派使者去见教皇，表示效忠于教皇，随时支持教皇。同时派出使者去见那不勒斯国王，联合他共同抗衡亨利七世。

亨利七世在北部山区消磨了不少时光，因为人们与皇帝有着同样的热情却没有同样的利益。亨利七世所到之处并不都是一帆风顺，反抗的事件时有发生，在宣布南下意大利8年之后，亨利才到达吉伯林管辖的比萨，他没有从比萨直驱佛罗伦萨，一鼓作气拿下佛罗伦萨，而是去罗马接受加冕。

亨利七世终于率领部队向佛罗伦萨开进了。但丁希望他能旗开得胜，马到成功，从而实现自己重返佛罗伦萨的愿望。

亨利七世的军队包围了佛罗伦萨城。城内的佛罗伦萨人联合起来了，他们打算捍卫市政厅的自由，他们认为他们的工场、手工业和商业神圣不可侵犯，他们绝不会屈服让步。佛罗伦萨有着天时、地利与人和的优势。亚诺河突然暴涨，四处泛滥，要淹没亨利七世军队的营帐。而亨利七世的军队仗着皇帝的淫威，到处烧杀抢夺，调戏妇女，失去了民心。亨利七世自己却染上了风寒，躺在帐篷里不能理事。在这种形势下，亨利七世不得不下令撤军回比萨城。

佛罗伦萨黑党的确具有政治上的远见卓识，那不勒斯国王声明反对神圣罗马帝国皇帝亨利七世。亨利七世极为愤怒，下令讨伐那不勒斯国王，使其彻底归顺。教皇克莱门特五世再也坐不住了，扬言如果他采取行动，就开除他的教籍。在进军那不勒斯的途中，皇帝的疾病越来越严重，原来他染上了恶性疟疾，已经病入膏肓，彻底没有希望了。1313年8月24日他病死在行军床上。

流亡者的最后一线希望也随着亨利七世的去世而灰飞烟灭了。亨利七世的遗体运回比萨城，安葬在杜奥莫大教堂。亨利七世安息了，可是他也把但丁重返佛罗伦萨的希望以及建立世界帝国的希望带进了灵柩。

亨利七世原是卢森堡的一个小领主，出身并不高贵。因为一次偶然的机会，被日耳曼选帝侯选举为神圣罗马德国皇帝，使他一夜之间尊贵起来。权力欲开始在他心中膨胀，野心勃勃地要实现自己的梦想，给大地披上和平的外衣，扩大自己的势力范围。然而他没有看到历史发展的趋势，自不量力，盲目行事，不知道所谓的神圣罗马帝国皇帝不过是一个摆设而已，更不知道人世间充满钩心斗角，尔虞我诈，结果落了一个可悲的结局。

←卢森堡

相关链接

XIANGGUAN LIANJIE

《神曲》——对佛罗伦萨的诅咒

佛罗伦萨，你且享受一番吧！既然你是如此伟大，

你展开双翼，翱翔在天涯海角，

而你的名字也传遍地府阴曹。

在那群盗贼当中，你竟发现有五名是你的市民，

为此我感到羞耻，无地自容，

而你也不会因而提高身价，大受尊敬。

但倘若临近清晨时做的梦总是属真，

那么，你不久之后就会亲身体验

普拉托乃至其他城市都渴望你遭受的那种厄运。

而倘若这厄运业已发生，那也不算过早：

既然它总要发生，那就索性让它早日来到！

因为不然的话，这会使我更加痛苦，正如我会变得更加衰老。

相关链接

XIANGGUAN LIANJIE

《神曲》——阴谋献计者的恶囊

我们离开那里，我的导师拉着我，

重又走上那层层台阶，

而先前我们沿着这些石阶下去，曾累得面色发白；

我们继续走着那荒凉的路径，

在那石桥的坎坷嶙峋的乱石丛中，

若不是用手相助，单靠脚则寸步难行。

当时我非常悲痛，至今

每逢我追忆起我所目睹的情景，

我仍十分伤心，并且比通常更加抑制住我的才情，

使它不致任意驰骋而不受美德指引，

既然吉利的星宿或更加美好的事物赐予我这样的天分，

我自己就不该把它滥用殆尽。

在普照世界之物

向我们隐藏它的面庞更少一些的时辰，

这时，苍蝇也让位于蚊虫，
在高地上歇息的农夫
看到山谷之下有多少萤火虫在飞舞，
也许，那地方正是他收割葡萄和耕耘土地之处；
这第八个恶囊就是这样到处闪烁着火光
我们刚刚来到那石桥顶上，
就立即看出那恶囊的最低地方。
犹如那个人借助两头熊来进行报复，
他眼见以利亚的车子离开尘世，
这时，拉车的马匹竖起身子，向天空飞驰，
他无法目送以利亚与车马。
却只见烈焰一团，宛如云朵，浮上九天；
团团火焰正是这样在沟壑的狭窄低地中游动，
因为任何火焰都不曾显示它所掩藏之物，
每团烈焰都隐匿着一个罪人。
我站在桥上，翘起脚尖观看，
倘若我不曾攀住一块巉岩，
即使无人推我，我也会向下跌落。
导师见我如此聚精会神，便说：
“这些火球里都有亡魂；
每个亡魂都被烈焰包拢，火焚全身。”

相关链接
XIANGGUAN LIANJIE

《神曲》——圭多·达·蒙泰菲尔特罗

那火焰这时已经竖直，

它停止跳动，不再言语，

经温和的诗人的许诺，已经离我们而去。

正在此刻，追随其后的另一团火焰

却使我们那视线转向它的顶端，

因为从那里发出丝丝的声咽。

犹如那西西里的公牛，

它最初便是随着吗人的哭泣哞哞而叫，

这也是正当合理的：因为正是他用自己的锉刀把它制造，

那公牛随着受刑者的呼海，

不住嗥叫，虽然它全部都是同铜铸造，

却彷佛只有它本身在痛苦号啕；

这样，由于从一开始便从烈火之中找不到

透气散热的孔洞和通道，

惨痛的话语就变成烈火的呼啸。

但是，既然这话语从火焰的尖端找到了通气

的途径，

这就使那尖端产生

舌头在发出话语时所做的同样颤动，

我们听到那火焰在说："哦，请你听着：我在向你说话，

而你现在讲的是一口伦巴德语，

你在说：'如今，你走吧，我不再想让你留下'，

尽管我也许来得过晚，

但愿你不要因为要停下来与我谈话而生厌烦，

你瞧，我就不感厌烦，况且我还在焚燃！

既然你恰好是现在从那温馨的拉丁大地

堕入这暗无天日的世界，

而我又是从那片大地上带来我的一切罪孽，

那就请你告诉我：罗马涅人是在和平还是在战争；

因为我就生长在那里，

在乌尔比诺与台伯河一涌而下的那个山崖之间的崇山峻岭。"

相关链接

XIANGGUAN LIANJIE

《神曲》——罗马涅的现状

我仍在向下探身，注意倾听，

这时，我的导师在我身边碰了碰我，

说道："你说话吧，这是个拉丁人。"

我早已准备好做出回答，

于是我毫不迟延地开始讲话：

"哦，隐藏在下面火焰中的灵魂，

你的，罗马涅不论是过去还是如今，

都是这般光景：它的暴君心目中从来并非没有战争；

但是，在我离开那里时，它却没有任何明显的战争迹象。

拉维纳仍像多年以前那样：

达·波连塔这只山鹰把它置于自己的卵翼之下，

甚至用自己的翅膀把切尔维亚也加以掩藏。

这片土地早已经受长期考验，

并且在绿色狮爪之下，

对法兰西人进行了血腥屠杀。
达·维鲁吉奥那老小两头恶犬，
在那惯常用钻头般的牙齿把人咬得稀烂之地，
使蒙塔尼亚饱受摧残。
那头小狮子从白色的巢穴，
统领着拉莫内河与桑泰尔诺河的两座城市，
它自夏至冬不断改变自己的派系。
那座被萨维奥河浸润一侧的城市，
正像它位于平原与山岭之间，
处在暴君统治与自由国家并立的条件。
现在，你是谁，我请求你告诉我们：
你万不可比别人更不肯谈论，
但愿你的名字能因此而在世间长存。”

客死他乡

人生的轨道是无法预测的，没有人能事先写好他的自传。

——赫斯契尔

亨利死了，满怀希望的但丁又一次陷入痛苦的选择中。但丁已经年迈了，《神曲》还没有最后完成，他需要一个安静的处所写完自己的鸿篇巨著，以了却他多年来的心愿。可他该往哪里去呢？不能继续待在比萨城了，这里埋葬着亨利七世，是他政治希望破灭的见证地，是他的伤心之所。但他的《神曲》已为他赢得了巨大的声誉，他走到哪里都会受到人们的热烈欢迎。

这时，拉文纳的领主基独·诺勿罗邀请但丁前往拉文纳，但丁接受了邀请，并在那里度过了他的晚年。拉文纳是个安详平静的村镇，拥有6 000多户居民，街道平整，拥有许多著名的古迹。城外，绿树成荫，泉水在铺满松针的林间幽咽，清澈见底，漫步在林间，使人顿时忘却尘世的烦恼，上升到超凡脱俗的境界。

亨利七世去世以后，教皇宣布，鉴于皇位空缺，政教两权合二而一，由他统一行使。后来，他又任命那不勒斯国王为皇家代理人。但不久新的矛盾出现了。那不勒斯国王野心勃勃，凭借皇家代理人职位，到处插手，到处干涉，引起了人民的不满。但丁对这些无聊的政治把戏感到厌倦了。

不久克莱门特五世去世，接着法王美男子菲利浦被野猪咬死。听到这些消息，但丁露出了欣慰的笑容。但丁向意大利红衣主教发了一封信，呼吁教廷应该从阿维尼翁重返已经像耶路撒冷一样遭到了背弃的罗马，红衣主教们有责任将教廷从法国人手中营救出来，并且使它重返罗马。同时指出红衣主教们培植的只是教会的法规，而不是神学。

但丁此时忙于《神曲》的写作，但仍时刻关注着意大利政局的发展。政治局势风云变幻，反复无常。刚刚为亨利七世之死举行完庆祝活动的佛罗伦萨黑党，还沉浸在喜悦之中，没想到一场灾难在悄悄逼近。吉伯林派乘着佛罗伦萨黑党得意忘形之时，加紧训练军队，准备一举击败圭尔夫党。1315年8月29日，双方在蒙泰卡蒂尼发生激战，黑党的军队战败投降。乌云开始笼罩在佛罗伦萨上空，而此时曾与黑党一起反对过亨利七世的那不勒斯国王见佛罗伦萨处境危险却并不给予帮助，反而趁火打劫，想把佛罗伦萨置于他的控制之下。

吉伯林派已经兵临佛罗伦萨城下，形势如箭在弦上。佛罗伦萨黑党周围找不到盟友，只好实行大赦，把流亡在外的白党成员召回国内，毕竟他们是一个母亲怀抱里的孩子，在关键时刻还需要他们共同抵挡外敌。同时佛罗伦萨黑党明白，如果佛罗伦萨城沦陷，他们的所有财产就会转归吉伯林分子；而和白党达成和解，至多是把以前没收的白党成员的财产退还给他们，但可以保住佛罗伦萨城，保住他们的地位。

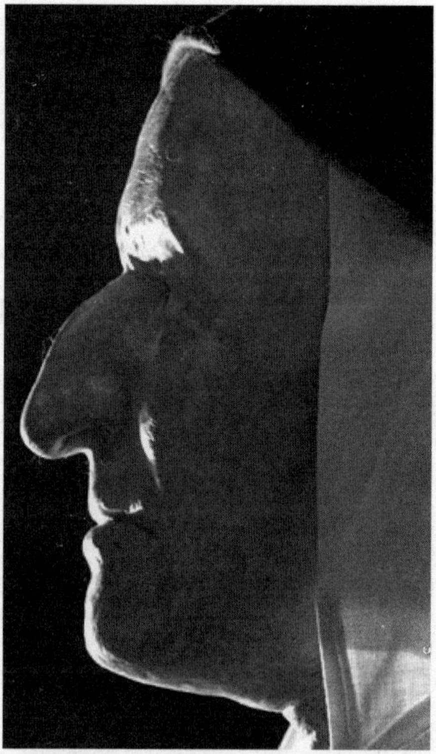

←意大利波洛尼亚大学拍摄的但丁的新塑像

1315 年 5 月，佛罗伦萨黑党统治者宣布对流放者实行特赦，但丁也在获赦人员名单中。但返回佛罗伦萨的条件十分苛刻，首先要交付罚金，其次是回到佛罗伦萨城里时，要先进入监狱，然后在某天早上，头戴僧帽，手拿蜡烛，走出监狱，上街游行。但丁断然拒绝在这种卑躬屈膝的条件下返回故乡。他声明说："在目前的境遇中，我的同胞们啊，你们意欲让我作为一个罪人，叩门而归，并在接受圣洗之前，囿于囹圄的黑暗中。但丁·阿里盖利得手持燃蜡，跪在圣约翰教堂里，但并非为了接受诗人的桂冠，而是以窃贼和叛徒的面目进行忏悔。""这纯属痴人说梦，佛罗伦萨的主人们。请你们相信吧，本人将继续潜心思索，著书立说，并且永远会为人景仰。"一切都来得太晚了，如果在10年前，他也许会妥协，并接受这样的屈辱条件。他向佛罗伦萨人表明"在哪里我不能看到太阳和星辰呢"？佛罗伦萨黑党看到但丁的答复以后，极为愤怒，严厉谴责但丁，甚至宣布，一旦将他逮捕，就立即公开处决。

家庭温暖，对一个流亡者来说，是多么珍贵啊！但丁在年老时终于又一次享受到了家庭温暖。在基独·诺勿罗的直接关怀和帮助下，但丁的妻子盖玛和子女们接踵而至，全家终于团圆了。但丁的心情开朗起来，在流亡以来他第一次这么开心。他给他的孩子们朗读《神曲》，并让妻子盖玛讲述有关佛罗伦萨城的新闻。过去他年轻，不谙世事，一腔热血地投身政治，根本没有照顾过家庭，随后他遭受政治放逐，给家庭

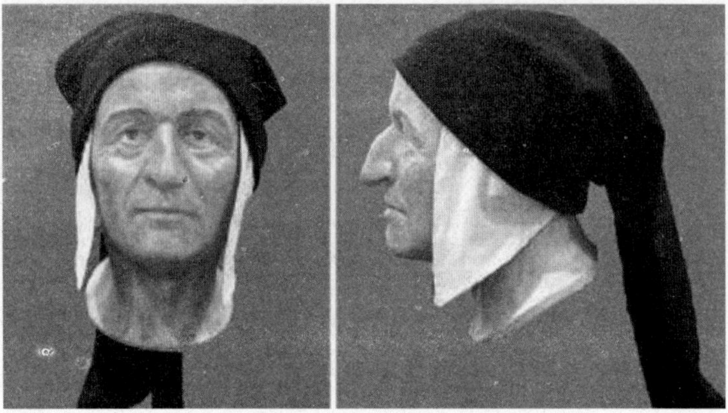

意大利科学家复原著名诗人但丁头像

带来了多少苦难，自己却无从尽力。现在，已长大成人的子女们一个个来到他的身边，他怎能不欣慰呢。他的两个儿子雅各伯和比罗后来成为研究《神曲》诗篇的学者和诗人。

但丁的晚年生活是幸福的，全家团圆，使他享受到了天伦之乐，基独·诺勿罗的周到照顾，使他的生活无后顾之忧。在这样美好的环境中，他继续写作《神曲·天堂篇》。这些诗篇为他带来了非凡的荣誉。慕名而来的拜访者络绎不绝，向他请教各种问题。他还接受邀请游历过许多地方。

但丁的博学多才总是引起人们的赞叹，人们非常敬佩、景仰他。但人们并不知道，他的岁月已经不多了。他最后干的一件事是再次出任特使团使节，出使威尼斯。

拉文纳与威尼斯交界，长期以来拉文纳与威尼斯之间因捕鱼、晒盐和征税问题经常发生纠纷，双方关系一直很紧张，有时甚至发展到武力相对，用流血的办法来解决。

双方武装冲突不断，终于有一天威尼斯向拉文纳宣战，而拉文纳的另一个邻邦也与拉文纳常有纠纷，因此派兵帮助威尼斯。这就使拉文纳的基独·诺勿罗腹背受敌，况且兵力明显处于劣势，不得不谋求用和平手段解决争端。基独·诺勿罗请曾多次出使异邦不辱使命的但丁帮忙，但丁一口应承了下来。基独·诺勿罗多年来对他优遇有加，他怎能有恩不报呢。

但丁迅速做好了谈判的准备工作，对双方的情况有了全面的了解。事情紧急，特使团成员们马上上路了，一边商量对策，一边风尘仆仆地赶路。到达水上城市威尼斯以后，无心观看威尼斯秀丽的景色，马上投入了谈判。双方分歧很大，唇枪舌剑，争论激烈。可是但丁却感到自己身体有些不适，浑身燥热，神思恍惚，心不在焉。他坚持参加谈判会议，希望能够不辱使命，完成谈判任务。但他实在坚持不下去了，原来他染上了疟疾，浑身发烧，头晕目眩，不得不离开风光旖旎的威尼斯，返回拉文纳。一路上，高烧不退，汗水涔涔而下，已接近虚脱。终于接近拉文纳城外的松林了，这里秋林黛绿，松涛汹涌，溪流明澈，空气中飘溢着松脂的馨香。但是但丁已经昏迷过去了，完全不知道自己是如何回到家里的。

家里的人团团围在他床边，探望者一批接一批，但丁眼前闪过了许多熟悉和不熟悉的面孔。但丁微笑着安详地入睡了，永远地入睡了，他脸上再次焕发出了青春的光彩。

一代文坛巨星陨落了，时间是1321年9月14日至15日的夜间。

拉文纳人民隆重地安葬了但丁，并给他戴上了诗人的桂冠，葬在圣法兰西斯寺院。但丁在世时相信，当他的《神曲》出版发行后，佛罗伦萨人民将会请他返回故乡，并给他戴上诗人的桂冠。因此当波伦那大学要授予他桂冠诗人称号时，他婉言谢绝了。几个世纪以后，佛罗伦萨人民认识到他们祖辈犯下的错误，想把但丁的遗骸迁葬故乡，市政府专门为但丁修了一座墓冢。但迁葬一事遭到了拉文纳人民的坚决反对，他们讥讽佛罗伦萨人道：“诗人活着的时候，你们拒之于门外；诗人死了，你们却要迎回他的遗骨。”他们认为但丁是拉文纳的光荣。

其实，但丁是全人类的光荣。

相关链接

XIANGGUAN LIANJIE

《神曲》——挑拨离间者

有谁能仅仅用不受约束的语言，

充分传达我眼下所见：

那鲜血淋淋、创伤累累的情景，哪怕把它说上几遍？

任何语言肯定都无法说明这全部情景，

因为我们的言辞和智力

都不足以令我们理解这许多情形。

倘若把所有那些曾在普利亚

那备受命运捉弄的必争之地、

因特洛伊人和长期战争而流血牺牲的人

——正如李维所言不虚地写出的，

那长期战争曾把掠夺的指环

高高地堆积如山；

与那些为抵御罗贝托·圭斯卡尔多的进犯

而受重创的人，以及

那些尸骨仍积聚在切普拉诺的人放到一起

——在切普拉诺，每个普利亚人都在撒谎蒙

骗，

而就在那里，老阿拉尔多

从塔利亚科佐附近大获全胜而未动干戈；

不论这些人的肢体是怎样被刺穿还是被砍断，

他们都无法与第九个恶囊的惨状相比相攀。

相关链接
XIANGGUAN LIANJIE

《神曲》——皮埃尔·达·梅迪齐纳

另一个人的喉咙被刺穿，
他的鼻子也被切开，一直切到眼眉下面，
他只有一只孤零零的耳朵，
他一直与其他人一起，惊奇地望着，
他在其他人面前，敞开他的喉管，
那喉管一片赤红，鲜血四溅，
他说道："哦，不曾判罪的你啊，
我曾在拉丁大地上见过你一面，

倘若面貌的过分相似不致骗过我的双眼，
你该记住皮埃尔·达·梅迪齐纳，
如果你一旦返回人间，
重见那从维尔

切利向下绵延到马尔卡博城堡的温馨平原。

你该告诉法诺的那两位名人，
即圭多大人，还与安乔列洛：
让他们晓得：倘若预见并非徒劳，
他们在卡托利卡将被扔出他们的船舶，
并被装进袋里淹死在海水，
这正是出于一个狠毒暴君的背叛行为。
奈图努斯在塞浦路斯与马略卡之间，
也从未见过这样滔天的罪行，
这既不是海盗的行径，也不是阿耳戈人的手段。
那叛贼虽然只用一只眼睛观看，
却控制着那片土地，而这里与我在一起的两个人，
则宁愿从未见过这座城镇，
那叛贼将会把那两位名人招来与他谈判，
随后他会设法让他们
不必向那佛卡拉的飓风祷告许愿。”

相关链接

XIANGGUAN LIANJIE

《神曲》——库利奥

我于是对他说："你若愿意让我把你的消息带到世间，

那么就请你指出并说明，

那个见到米尼就感到伤心的究竟是何人。"

这时，他把一只手放到他的一个伙伴的腮下，

并且打开那人的嘴巴，

喊道："这便是你说的那个人，他不能说话，

他曾被驱逐，也曾打消凯撒心中的疑虑，

扬言什么一个人准备就绪，

总是会因迟疑不决而一败涂地。"

啊！库利奥喉咙里的舌头竟被切断，

在我看来，他那神情是多么惊愕慌乱！

而他当初进言时则又是如此大胆！

相关链接

XIANGGUAN LIANJIE

《神曲》——乌哥利诺伯爵与鲁吉埃里大主教

我们已经离他远去，

这时我看见有两个人冰冻在一个窟窿里，

一个头像顶帽子扣在另一个头上；

犹如一个人饥肠辘辘，在啃吃面包，

上面的人正是这样把下面的人用牙紧咬

他所咬之处是脑壳与颈椎相连的地方：

这与提德乌斯怒火万丈

啃咬梅纳利普斯的太阳穴没有两样，

那人也在狠狠地啃吃着另一个人的头颅和其他部分。

我说道："哦，你在你啃咬的那人身上，表现出如此残暴的愤恨，请告诉我，这是什么原因，

暂且以此为条件，倘若你对他发泄怨恨是在情理之中，

一旦我得知你们是谁和他所犯罪行，

我一定会在尘世为你昭雪冤情，

只要我用来说话的舌头不致干枯难动。"

相关链接

XIANGGUAN LIANJIE

《神曲》——犹大环

“地狱之王的旗帜在向我们行进”，

我的老师说道，“因此，你若能把他看清，

就该举目向前观定。”

犹如浮起一片浓雾，

或是黑夜把我们的半球笼罩住。

这时，远处似有一座风车在把阵风吹送，

我觉得此刻看到的正是这样一架庞大机器在转动；

由于阵风强劲，我蜷缩到我的导师后身；

因为这里没有其他洞窟可以避风。

那时我已身临其境，而如今把所见景象写入诗句也仍感肉跳心惊，

那里的所有鬼魂都被寒冰覆盖，

他们像放在玻璃里的麦秆那样透明，

有人躺卧；有人直立，

这个脚朝下，那个倒栽葱；

还有人弯腰似弓，把面孔弯向脚跟。

相关链接
XIANGGUAN LIANJIE

《神曲》——重登地面

那下面有一个地方，与鬼王别卜西相距甚远，

而坟墓的伸展也与这远近一样长短，

因此，不是靠听觉，而是凭声音才把这个地方发现，

那声音来自一条小溪，

它顺着一块岩石的孔洞泻下，流到这里，

那孔洞正是被小溪流经的蜿蜒曲折而又略微倾斜的水道腐蚀而成，

导师和我沿着这条幽暗的路径，

又开始重返那光明的世界之中，

我们顾不上丝毫休整，

他在前，我殿后，我们一起攀登，

直到我透过一个圆洞，

看见一些美丽的东西显现在苍穹，

我们于是走出这里，重见满天繁星。